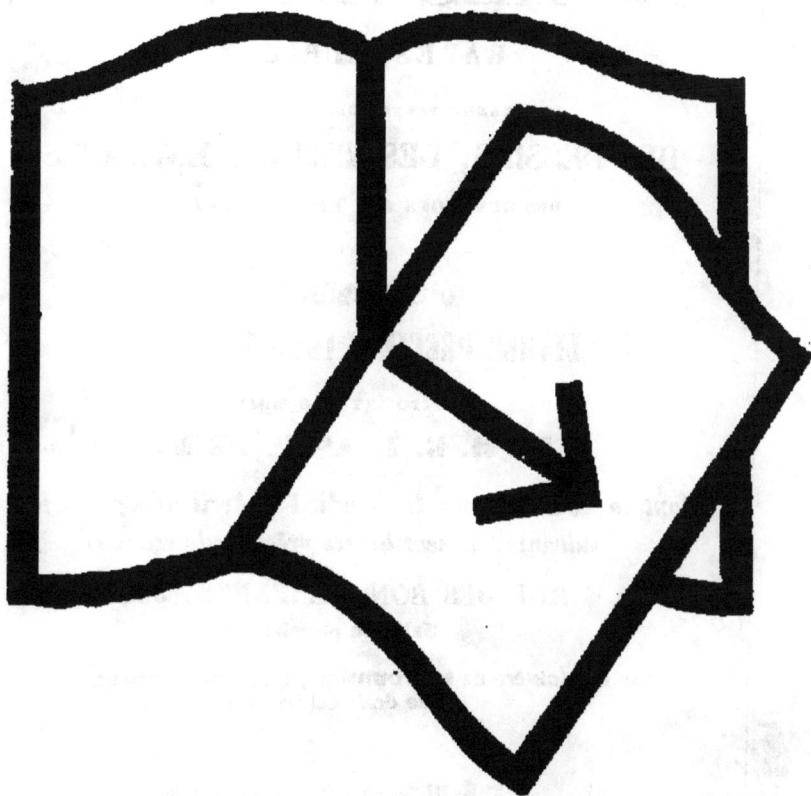

Couverture inférieure manquante

# CATALOGUE

### DE

# LIVRES ANCIENS,

## RARES, CURIEUX,

EN GRANDE PARTIE ORNÉS DE GRAVURES;

## DES DESSINS, DES VIEILLES ESTAMPES,

DES OUVRAGES SUR LES BEAUX-ARTS,

ET

## D'UN CHOIX

## DE LIVRES PRÉCIEUX IMPRIMÉS EN CHINE,

COMPOSANT LE CABINET

## DE M. K. L. A** P. DE M., *Klaproth*

*Dont la vente se fera le Lundi 16 Avril 1849, et jours suivants, à sept heures précises de relevée,*

### RUE DES BONS-ENFANTS, 30,

Salle du premier,

Par le ministère de Mᵉ **FOURNEL**, commissaire-priseur.
Rue de la Chaise, 8.

2ᵉ **Édition.** — Voir la note page 110.

# PARIS,

## J.-F. DELION, LIBRAIRE, SUCCESSEUR DE R. MERLIN.

QUAI DES AUGUSTINS, N° 47.

—

# 1849.

Paris. — Typographie ............ rue des Poitevins, 14.

# ORDRE DES VACATIONS.

Environ 1,200 volumes qui seront vendus par lots.

---

Il y aura, chaque jour de vente, exposition de 1 à 3 heures.

Les livres vendus devront être collationnés sur place, dans les 24 heures de l'adjudication. Passé ce délai, ou une fois sortis de la salle de vente, ils ne seront repris pour aucune cause.

Les articles au-dessous de 12 fr. ne seront admis à rapport que dans le cas où ils seraient incomplets par enlèvement de feuillets ou de portions de feuillets emportant du texte; ils ne seront pas repris pour taches, mouillures, déchirures, piqûres ou autres défectuosités.

---

Nota. Le libraire chargé de la vente remplira les commissions des personnes qui ne pourraient y assister.

# CATALOGUE

# DES LIVRES

COMPOSANT LA BIBLIOTHÈQUE

## DE M. K. L. A** P. DE M.

## PHILOSOPHIE.

1. Geo. Hornii Historiæ philosophicæ lib. VII. *Lugd. Bat.*, *Joh. Elzev.*, 1655, in-4, v.

2. Krug's Geschichte... L'histoire de la philosophie du temps ancien. *Lezipig*, 1815, in-8, demi-rel. — Lusaetze... Additions et corrections de l'histoire de la philosophie, par H. Ritter. *Hambourg*, 1818, in-8, br.

3. Histoire de la philosophie, par Ritter, trad. de l'allem. par Tissot. *Paris*, 1835, in-8, 2 vol., br.

4. Diogenis Laertii de vitis, dogmatibus et apophthegmatibus eorum qui in philosophia claruerunt libri X, cum Menagii observationibus. *Londini*, 1664, in-fol., v.

5. Les Vies des plus illustres philosophes de l'antiquité, avec leurs dogmes, leurs systèmes, leur morale, etc., trad. du grec de Diogène Laërce. *Paris*, 1796, in-8, 2 vol., br.

6. Sur la vie et les œuvres de Platon, par Ast. *Leipzig*, 1816, in-8, br. (*En allem.*)

7. Platonis opera, recensuit et commentariis instruxit God. Stallbaum. *Gothæ*, 1833, in-8, 10 vol., br.

8. Platonis opera, Mars. Ficino interprete. *Francof.*, 1602, in-fol., v.

9. Œuvres de Platon, trad. par Schleiermacher. *Berlin*, 1804, in-8, 3 vol., demi-rel. (*En allem.*)

A**.                                                                  1

10. Les mêmes, commentées par Aug. Arnold. *Berlin*, 1835, in-8, 2 vol., br. (*En allem.*)

11. Le système de la philosophie de Platon, par Tennemann. *Leipsick*, 1792, in-8, 4 vol., demi-rel. (*En allem.*)

12. Timæi Sophistæ lexicon vocum platonicarum, edidit Dav. Ruhnkenius. *Lugd. Bat.*, 1754, in-8, demi-v.

13. Aristotelis opera, gr. et lat., recensuit Buhle. *Biponti*, 1791, in-8, 5 vol., br.

14. Sexti Empirici opera. *Paris.*, 1621, in-fol., v.

15. Vita di Apollonio Tianeo, di Filostrato, trad. per Franc. Baldelli. *Fiorenza, Torrentino*, 1549, in-8, vél.
— Le Tusculane di Cicerone. *Vinegia, V.. .yris*, 1544, pet. in-8, demi-rel.

16. Maximi Tyrii dissertationes (gr. et lat.), ex interpret. Dan. Heinsii, recensuit Joa. Davisius. *Cantabrigiæ*, 1803, in-8, v.

17. L. Ann. Senecæ opera omnia, a J. Lipsio illustrata. *Amst., Morelus*, 1632, in-fol., fig., v., fers à fr.

18. L. Ann. Senecæ opera omnia. *Lugd. Bat., Elzev.*, 1639, in-12, 3 vol., v. ant. dent. tr. d.

19. J. F. Gronovii ad. L. et Ann. Senecas notæ. *Amst., L. et D. Elzev.*, 1658, pet. in-12, v.

20. Confucius Sinarum philosophus, sive Scientia sinensis latine exposita studio et opera patrum Soc. Jesu. *Paris., Cramoisy*, 1687, in-fol., vél.

21. Sydrach, le grant philosophe, fontaine de toutes sciences... *On le vend à Paris en la rue Neuve-Nostre-Dame, à l'enseigne de Lescu de France, S. D.*, pet. in-4, goth. v. br.

22. De Spinozæ philosophia dissertatio, auct. Rosenkranz. *Halæ*, 1828, in-8, br. — Ben. Spinozæ doctrina et ejus ethica recensita, auct. Matthia. *Murburgi*, 1829, in-8, br. — Ben. de Spinozæ opera omnia, ed. Bruder. *Lipsiæ*, 1843, in-16, 2 vol., br.

23. Fr. Baconis sermones fideles sive interiores rerum. *Lugd. Bat., F. Hackius (Elzev.)*, 1644, pet. in-12, vél.
— Ejusd. Sylva sylvarum, sive Historia naturalis et nova Atlantis. *Amst., Elzev.*, 1661, pet. in-12, vél.

24. Ren. Descartes, opera varia philosophica. *Amst., Dan. Elzev.*, 1659-72-77, in-4, 4 vol., vél.

25. Joa. Claubergii Defensio Cartesiana. *Amst., Elzev.*,

1652, pet. in-12, vél. — La philosophie morale de Descartes. *Brusselles*, 1707, pet. in-12, br.

26. Cours entier de philosophie, par P. S. Regis. *Amst.*, 1691, in-4, fig. 3 vol., v.

27. G. G. Leibnitii Principia philosophiæ more geometrico demonstrata. *Lipsiæ*, 1728, in-4, demi-rel.

28. Éléments de la philosophie de Newton, par Voltaire, *Amst.*, 1738, in-8, gr. pap. de Holl., v.

Avec un beau portrait de Voltaire, par Folkema, et 115 vignettes.

29. Œuvres philosophiques de Hume, trad. de l'angl. *Londres*, 1788, in-8, 5 vol., v.

30. De l'usage et de l'abus de l'esprit philosophique durant le xviiie siècle, par Portalis. *Paris*, 1820, in-8, 2 vol., bas.

31. Essai sur l'histoire de la philosophie en France au xixe siècle, par Damiron. *Paris*, 1828, in-8, 2 vol., demi-rel.

32. Histoire de la philosophie allemande depuis Leibnitz jusqu'à Hegel, par le baron Barchou de Penhoën. *Paris*, 1836, in-8, 2 vol., br. — Bruno, ou du principe divin et naturel des choses, par Schelling. *Berlin*, 1802, in-8, bas. (*En allem.*)

33. Histoire abrégée des sciences métaphysiques, morales et politiques, trad. de Dugald-Stewart, par Buchon. *Paris*, 1820, in-8, 3 vol. br.

34. Ocellus Lucanus, De la nature de l'univers; Timée de Locres, de l'âme du monde; Lettre d'Aristote à Alexandre sur le système du monde, par l'abbé Batteux, avec le texte grec. *Paris*, 1768, in-8, v. m.

35. De la philosophie de la nature, par Delisle de Sales, *Paris*, 1804, in-8, 10 vol., demi-rel.

36. Essai philosophique concernant l'entendement humain, par Locke, trad. par M. Coste. *Amst.*, 1750, in-12, 4 vol., v. — Recherches sur l'entendement humain, d'après les principes du sens commun, par Th. Reid., trad. de l'anglais. *Amst.*, 1768, in-8, 2 vol., v.

37. Essai analytique sur les facultés de l'âme, par Ch. Bonnet. *Copenhague*, 1760, in-4, demi-rel.

# THÉOLOGIE.

## I. CHRISTIANISME.

*A*. ÉCRITURE SAINTE. — HISTOIRE DE LA BIBLE. — OUVRAGES DIVERS SUR JÉSUS-CHRIST ET LA SAINTE VIERGE.

38. Catholische Bibell, heraug von D. J. Dietenberger, *Cœlln, Quentel*, 1621. Gros vol. in-fol., rel. en bois, fermoirs.

> Cette Bible est ornée d'un grand nombre de figures sur bois, par Virgile Solis de Nuremberg, Abraham Bruyn, Simon Huber et autres. — Il manque 3 figures.

39. Nouveau Testament de N.-S. J.-C., trad. en franç. selon la Vulgate. *Liége*, 1700, in-12, 4 vol., br.

> Figures et vignettes par Harrewyn.

40. Historia Veteris et Novi Testamenti, carmine in compendium contracta, auct. Joa. Impens; partes duæ. *Lovanii*, 1656-58, pet. in-4, cart.

41. De Historien van het Oude... Les histoires du Vieux et du Nouveau Testament, avec les figures de Rom. de Hooge et autres. *Amst.*, *Lindenberg*, 1715, in-fol., v.

> Les figures, en grand nombre, sont remarquables par leur dessin et leur originalité.

42. Histoire sacrée de la Providence et de la conduite de Dieu sur les hommes, tirée de l'Ancien et du Nouveau Testament, représentée en 500 tableaux gravés par Raphaël et par Demarne. *Paris, l'auteur*, 1728, gr. in-4, fig., 3 vol., v. br.

43. Figures des histoires de la Bible, en allemand, par J. Ulr. Kraussen. *Augsbourg*, 1702, in-fol., cart.

> 97 figures.

44. Histoire de Joseph, accompagnée de 10 figures, grav. sur les modèles de Rembrandt, par le comte de Caylus. *Amst.*, 1757, in-fol, demi-rel. (*Rare.*)

45. Vita et doctrina J. Christi, per Nic. Avancinum. *Antv.*, 1735, in-12, br.

46. Histoire de la vie de Jésus-Christ, par le P. de Ligny *Paris*, 1804, in-4, pap. vél. 2 vol., mar. bleu, dent. tr. dor.

Figures avant la lettre.

47. La même, v. rac., fil.

48. Joa. Bourghesii Vitæ, Passionis et Mortis Jesu Christi mysteria. *Antv.*, 1622, pet. in-8, bas.

Avec 77 figures gravées par Boèce à Bolswert.

49. Mystères de la Vie, Passion et Mort de Jésus-Christ, par le P. Jean Bourgois. *Anvers*, 1622, in-8, parch.

Mêmes figures que le n° précédent ; belles épreuves.

50. Méditations sur la Vie et la Passion de N.-S. Jésus-Christ, sur les mystères de la sainte Vierge, etc., trad. du lat. du P. Busée. *Brusselle, Foppens*, 1707, pet. in-8, br.

76 jolies figures.

51. Perpetua Crux sive Passio Jesu Christi a puncto incarnationis ad extremum vitæ, iconibus 40 explicata. = Altera perpetua Crux, a fine vitæ usque ad finem mundi in perpetuo Altaris Saerificio, cum 40 iconibus. = Perpetuus gladius Reginæ Martyrum ab annuntiatione usque ad obitum, cum septem iconibus. *Antverpiæ*, 1649, pet. in-12, 3 part. en 1 vol. br.

87 gravures sur bois, par André Solmincio.

52. Tableaux de la Passion et les actions du Prestre à la sainte Messe. *Paris*, 1716, in-12, br.

36 figures sur bois, gravées par Papillon.

53. Unus pro omnibus, hoc est Christus Jesus, Dei filius, pendens in ligno pro homine indigno, ab Ant. Ginther. *Aug.-Vind.*, 1755, in-4, br.

54. Corn. Curtii de Clavis Dominicis liber. *Antverpiæ, Aertssens*, 1634, pet. in-12, jol. fig., vél.

55. Justus Lipsius de Cruce. *Antverpiæ*, 1594, in-4, fig., vél. — Titulus S. Crucis, auct. Nicqueto. *Antverpiæ*, 1670, in-12, vél. — Cappelli Epicrisis de ultimo Christi

paschale. *Amst.*, 1644, in-12, parch. — Bartholini de Cruce Christi hypomnemata IV. *Amst.*, 1670, in-12, v.

56. Le culte de la sainte Vierge dans toute la catholicité, principalement en France et dans le diocèse de Paris, par M. Egron. *Paris*, 1842, in-8, br.

57. Mundus Marianus sive Maria speculum mundi sublunaris, auct. Laur. Chrysogono. *Aug.-Vind.*, 1712, in-fol., v.

58. Atlas Marianus quo S. D. gen. Mariæ imaginum miraculosarum origines explicantur, auct. G. Gumppenberg. *Monachi*, 1672, in-fol., parch.

59. Atlas Marianus sive de imaginibus Deiparæ per orbem Christianum miraculosis, lib. II, auct. Guil. Gumppenberg. *Monachi*, 1657, pet. in-12, parch.

     Rempli de jolies figures.

60. Histoire de l'ancienne image de N.-D. de Boulogne. *Paris*, 1634, pet. in-8, demi-rel. (*Titre doublé et un feuillet rogné.*)

61. Histoire de l'origine de l'image et de la chapelle d. N.-D. des Ardilliers. *Saumur*, 1665, pet. in-12, demi-rel.

62. Le Tableau de la miraculeuse chapelle de N.-D. de Cahusac, près la ville de Gimont, par J. Duclos. *Toulouse*, 1741, in-12, fig., demi-rel.

63. Histoire miraculeuse de N.-D. de Liesse. *Paris*, 1672, petit in-8, fig. demi-rel.

64. Histoire de N.-D. de Boulogne, par Ant. Le Roy. *Boulogne*, 1704, in-12, demi-rel.

65. Compendio historico en que se da noticia de las milagrosas y devotas imagenes de la Reyna de Cielos y tierra Maria santissima, que se veneran en los mas celebres santuarios de Espana, per el P. Juan de Villafane. *Madrid*, 1740, in-fol., parch.

66. Historia universal de la primitiva y milagrosa imagen de N. Senora de Guadalupe, fundacion y grandezas de su Santa Casa..... Refierense las historias de las plausibles imagines de N. S. de Guadalupe de Mexico, per el P. Franc. de S. Joseph. *Madrid*, 1743, in-fol., parch.

67. Historia de la admirable invencion y milagros de la thaumaturga imaginen de N. Sen. de la Pena de Francia,

por el dichoso Simon Vela, de nacion francese. *Salamanca*, 1628, in-4, parch.

68. Conchylium Marianum vetuss. et venustissimæ gemmæ Moraviæ, seu Tractatus augustiss. cœli terræq. reg. Mariæ... in sua imagine a Divo Luca evang. depictæ, Brunæ Moravorum in Basil. fratr. Eremitarum S. Aug., etc. *Brunæ*, *S. A.*, in-fol., bas.

   Avec 4 grandes figures.

69. Didaci del Castillo ord. S. B. et Artiga Alphabetum Marianum. *Antv.*, 1712, in-fol., br.

70. Gazophylacium Marianarum virtutum numeris poeticis concinnatum, a. R. Franc. Brigant. *Utini*, 1669, pet. in-4.

71. R. P. Marraccii Polyanthea Mariana. *Col. Agr.*, 1710, in-4, br.

72. Sedlmayr Mariana Theologia. *Monachi*, 1758, fort vol. in-4, br.

73. Joa. Bapt. van Ketwigh Panoplia Mariana, ex armamentariis SS. Patrum... ac S. Scripturæ monumentis deprompta. *Antv.*, 1720, in-4, bas.

74. Mater amoris et doloris quam Christus in cruce moriens omnibus fidelibus legavit, auct. Ant. Ginther. *Aug.-Vind.*, 1741, in-4, fig., br.

75. Les Larmes de la Vierge Marie s la Passion de N.-S. Jésus-Christ, par Timothée de Chillac. *Tournon*, 1605, in-12, fig., demi-rel.

76. L'image de vertu, demonstrant la perfection et saincte vie de la bien-heurée Vierge Marie, mère de Dieu, par Pierre Doré. *Paris*, 1549, petit in-8, demi-rel.

77. Tractatus Marialis de Laudibus et Prærogativis B. M. Virginis, auth. P. Car. van Hoorn. *Gandavi*, 1660, in-4, vél.

78. Virgo Maria mystica sub solis imagine emblematice expressa, per Joa. de Leenher. *Lovanii*, 1681, in-4.

   26 figures emblématiques.

79. Maria Rosa mystica in sermonibus asceticis ab Ant. Vieira exposita. *Aug.-Vind.*, 1701, in-4, 2 vol., br.

80. Fasti Mariani, cum divorum elogiis in singulos anni dies

distributis, auct. P. And. Brunner. *Antv.*, 1660, in-12, fig.,*.parch.

81. Gaudinus, Assumptio Mariæ Virginis vindicata. *Paris.*, 1670, in-8, cart.

82. Le Dévot à la Vierge. Recueilly des sermons de messire I. P. C. E. de Belley, par P. L. R. P. *Caen*, 1638, in-12, demi-rel.

83. L'Esgvillon des devots à la Vierge Marie dv Mont-Carmel, par le R. P. F. Jean Tuaut, carme d'Aurillac en Auvergne. *Limoges*, 1619, pet. in-8, 1 tome en 2 vol., demi-rel.

84. Officium B. Mariæ Virg. et liber psalmorum (flandr.). In-8, v.

Manuscrit du xvᵉ siècle. Quelques lettres ornées.

85. Delacroix. Hortulus Marianus, sive Praxes Mariæ colendi L. V. Mariam. *Col.-Agr.*, *Corn. ab Egmond*, 1630, in-24, fig., br.

. . . . . . . . . . . . . . . . . . . .

### *B.* DOGME. — POLÉMIQUE.

86. De Deo uno, trino, creatore, auct. Ign. Der-Kennis. *Bruxellis*, *Fr. Foppens* (*Holl.*, *Elzev.*), 1655, in-8, vél.

87. Théologie physique ou Démonstration de l'existence et des attributs de Dieu, par Guill. Derham. *Rott.*, 1730, in-8, demi-rel. — Théologie de l'eau, par Fabricius. *La Haye*, 1741, in-8, demi-rel. — Considérations sur les œuvres de Dieu dans le règne de la Nature et de la Providence pour tous les jours de l'année, par Sturm. *La Haye*, 1777, in-8, 2 vol., demi-rel.

88. Th. Stapletoni promptuarium catholicum. *Aug.-Vind.*, 1749, in-4, br.

89. Introduction del Simbolo de la Fe, compuesto por el R. P. Fray Luys de Granada. *Barcelona*, *Seb. de Cormellas*, 1603, in-fol., 5 part. en 2 vol., v. br.

Rare.

90. Catéchisme de Canisius, en grec. *Augsbourg*, *J. Kruger*, *s. d.*, in-12, parch.

Rempli de jolies gravures sur bois.

91. Compendium theologiæ classicum didactico-polemicum, opera archimandritæ Sylvestris. *Mosquæ*, 1805, in-8, v. — Karpinski Compendium orthod. theologicæ doctrinæ. *Lipsiæ*, 1786, in-8, v. — Chr. D. Beckii Institutio historica religionis christianæ et formulæ nostræ dogmatum. *Lipsiæ*, 1811, in-8, br.

92. Leonis Allatii de utriusque ecclesiæ perpetua in dogmate de purgatorio consensione lib. *Romæ*, 1655, in-8, demi-rel. — De nævis in religionem incurrentibus, aut. Muratori. *Lugd.*, 1749, in-8, parch.

93. De communione veteris ecclesiæ syntagma, auct. J. Jonstono. *Amst., Elzev.*, 1658. — La philosophie du chrétien, sermon... par Fréd. Spanheim. *Heidelberg, s. d.,* pet. in-12, vél.

94. Joh. Fasoldi Græcorum veterum theologia. *Jenæ*, 1676, in-16, v.

95. Tractatus Rob. Gaguini de puritate conceptionis. *Paris.*, 1498, pet. in-4, goth., demi-rel.

96. Discours du sainct sacrement de mariage, en 2 livres, par Edmond Auger. *Paris*, 1572, pet. in-8, demi-rel.

97. Mat. Hauzeur epitome totius Augustinianæ doctrinæ. *Paris.*, 1646, in-fol., 2 part. en 1 vol., vél.

98. Confessio Augustiniana in libros quatuor distributa, per Hier. Forrensem. *Dilingæ*, 1567, in-4, v.

99. Raisons très-fortes... tirées des actions incomparables de l'illustriss. Christ. de Cheffontaines, archev., contre les sacramentaires, etc., par un P. récollet de Liége. *Namur*, 1646, pet. in-8, v.

100. Fr. Lucæ Waddingi legatio Philippi III et IV ad Pontificos Paulum V et Gregorium XV, de definienda controversia immaculatæ conceptionis B. Virg. Mariæ. *Lovanii*, 1624, in-fol., parch.

101. Consilium pietatis de non sequendis errantibus, sed corrigentibus juxta retractationes : 1° Philippi IV, Gall. regis, circa gesta contra Bonifacium VIII; 2° Joa. Charlier, Gersonii, circa sua, novitates, per P. Bern. Desirant. *Col.-Agr.*; 1725, part. en 1 vol., bas.

102. Lettres de quelques juifs portugais, allemands et polonais, à Voltaire, par Guénée. *Paris, s. d.*, in-8, 3 vol., cart. — Ouvrages de M. Lesley, contre les déistes et les

juifs, trad. de l'angl., par le R. P. Houbigant. *Paris*, 1770, in-8, bas.

103. Exposition de la doctrine de Leibnitz sur la religion, avec un nouveau choix de pensées morales, par Emery. *Paris*, 1819, in-8, br. — Les vues de la religion chrétienne et catholique, classées d'après Pascal, par l'abbé Germain. *Paris*, 1809, in-8, br.

104. W. Wilberforce's practical view of the prevailing religious system of professed christians. *London*, 1811, in-8, v.

Avec envoi d'auteur à M. de Chateaubriand.

*C.* MORALE. — TRAITÉS DIVERS. — SERMONS.

105. Polyanthea sacra, ex universæ sacræ Scripturæ utriusque Testamenti figuris, symbolis, testimoniis, necnon e selectis patrum, aliorumque authorum sententiis... variisque historiis collecta, labore et studio P. And. Spanner. *Aug.-Vind.*, 1715, in-fol., 2 vol., v.

106. L'Évangile code du bonheur, par M. L. H. R. D., confesseur de M$^{me}$ Adélaïde de France. *Trieste*, 1800, pet. in-8, demi-rel.

107. Ben. Rogacii christiani hominis judicia et mores correcti. *Ingolst.*, 1716, pet. in-8, br. — Officium sive Obligatio hominis christiani, auct. Wilh. Wilt. *Lovanii*, 1717, in-12, 3 tom. en 2 vol., br. — Officium sive obligatio canonici. *Ibid.*, 1708, in-12, br.

108. L'evesque de cour, opposé à l'evesque apostolique *Cologne*, 1674-82, in-12, 2 vol., demi-rel.

109. L'idée d'un bon ecclésiastique, ou les Sentences chrétiennes et cléricales, de Adrian Bourdoise. *Paris*, 1660, in-12, portr., demi-rel.

110. Les principes et les règles de la vie chrétienne, par le card. Bona. *Bruxelles*, *van de Velde* (*Elzevir*), 1673, pet. in-12, v.

111. Instruction pour une reyne chrétienne, contenant ses devoirs envers Dieu et soy-même, envers le roy son mary, l'Église et le prochain en général, avec les avis de Charles roy de Suède, à son fils Gustave. *Cologne*, 1666, in-12, demi-rel.

112. Œconomie chrétienne, contenant les reigles de bien

vivre, tant pour les gens mariés qu'à marier, etc., par le R. P. J. de Glen. *Liége*, 1608, fort vol. in-8, v.

113. Alf. Ant. de Sarasa Ars semper gaudendi ex principiis divinæ Providentiæ et rectæ conscientiæ. *Francof.*, 1750, in-4, 2 part. en 1 vol., br.

114. Æsopus epulans, sive Discursus mensales inter confratres petrinos curatos innocenter sine offensa tertii, etc. *Francof.*, 1751, in-4, br.

115. Confessionale di S. Antonino, *Quia tu scientiam. Mantova*, 1475, in-4, cart.

116. Complainte à Jésus-Christ, par le R. P. Charles de l'Assomption, contre les rigoristes qui retirent les hommes de la confession. *Liége*, 1683, pet. in-8, v.

117. Matth. Stoz tribunal pœnitentiæ. *Bambergæ*, 1756, in-4, br.

118. Industria spiritualis in qua modus traditur præparandi se ad confessionem aliquam plurimorum annorum, etc. Pet. in-8, 3 vign., v.

> Petit ouvrage rare et curieux.

119. De la Mort et du jugement dernier, par Sherlock, trad. de l'angl. par Dav. Mazel. *Amst.*, 1712, in-8, flg., 2 part. en 1 vol., br. — Traité contre les danses et les mauvaises chansons ( par l'abbé Gauthier ). *Paris*, 1775, in-12, br.

120. Epistola familiaris parochi ad amicum de comœdiis, labaismis, etc. 1800. = Seconde lettre d'un curé à un de ses confrères, sur les comédies, les bals, les danses, etc., 1800, et autres pièces, in-8, bas.

121. De la modestie des habits des filles et femmes chrestiennes, par Timothée Philalèthe. *Liége*, 1675, in-12, demi-rel.

122. Traité des sources de la corruption qui règne aujourd'hui parmi les chrétiens. *Amst.*, 1700, in-8, 2 part. en 1 vol., vél.

123. L'Usure ensevelie ou Défense des Monts-de-Piété, de nouveau érigez aux Pays-Bas, pour exterminer l'usure, par J. Boucher, doct. en théol. à la Sorbonne, avec la repartie d'un prétendu docteur en théologie. *Tournay*, 1628, in-4, cart.

124. Dan. Stadler tractatus de duello honoris vindice. *Ingolst.*, 1751, in-4, br.

125. Miroir pour les personnes colères. *Liége, Montfort*, 1686, pet. in-12, cart.

126. Le Bréviaire des courtisans et le Réveille-matin des dames, par le sieur de la Serre. *Bruxelles, Vivien*, 1653, pet. in-8, vél.

Avec les figures de Vanhorst et de Jode.

127. Les Jeux admirables de la divine Providence, par M. de Gerimont. *Cologne, C. d'Egmont*, 1690, pet. in-8, v.

128. Cours de morale chrétienne et de littérature religieuse, par l'abbé de Feller. *Paris*, 1824, in-8, 5 vol., br.

---

129. Essai sur l'éloquence de la chaire, par Maury. *Paris*, 1827, in-8, 3 vol., bas.

130. P. Justini Miechoviensis discursus prædicabiles super litanias laurettanas B. M. Virginis. *Aug.-Vind.*, 1735, in-fol., 2 tom. en 1 vol., bas.

131. Promptuarium morale super evangelia festorum totius anni, auct. Laur. Beyerlinck. *Aug.-Vind.*, 1749, in-4, 3 vol., br.

132. Xaverius dormiens et Xaverius experrectus in XII sermonibus exposita, a R. P. Ant. Vieira. *Aug.-Vind.*, 1701, in-4, br.

133. Omelie di Mgr. Fr. Adeodato Turcbi. *Parma, St. R.* (*Bodoni*), 1788, in-4, demi-rel.

134. Sermones (flandrice.) Pet. in-8, mar. (*Manuscrit sur pap.*)

### D. LITURGIE.

135. Brevis et admodvm dilvcida in missæ canonem exegesis. *Paris.*, 1548, pet. in-8, demi-rel.

136. Missa apostolica; missa S. Gregorii, etc. *Lutetiæ*, 1575, in-8, mar. r. tr. dor.

137. Geo. Codinus de officiis et officialibus Curiæ et Ecclesiæ Constantinopolitanæ, cura Goar. *Paris.*, 1648, gr. in-fol., v.

138. Breviarium Parisiense. *Paris.*, 1762, in-8, 4 vol., v.

139. **Preces piæ (lat. et flandrice), cum calendario. Pet in-4, v. gr., dent. tr.ᵒdor.**

> Manuscrit du xvᵉ siècle, de 266 pages, sur vélin, avec 10 miniatures de maitres flamands, nombreuses lettres ornées et arabesques riches et du meilleur style. On y a joint des prières en flamand; 62 pages d'une écriture plus moderne et moins soignée. Cette seconde partie est ornée de 20 petites miniatures.

140. **Preces piæ (flandr.). Pet. in-8, v.**

> Manuscrit du xvᵉ siècle, d'environ 400 pages, sur vélin. Quelques lettres ornées.

141. **Preces piæ (flandr.). Pet. in-8, v.**

> Manuscrit du xvᵉ siècle, d'environ 300 pages, sur vélin.

142. **Preces piæ (flandr.). Pet. in-8, cart.**

> Manuscrit du xvᵉ siècle, sur vélin. 35 lettres rehaussées d'or, et arabesques.

143. **Livre de prières en flamand. In-16, v.**

> Manuscrit du xvᵉ siècle, sur papier.

144. **Enchiridion piarum meditationum in dominicas ac festa totius anni, auct. Joa. Busæo. *Ant.*, 1723, in-12, v.**

145. **Prières touchantes et affectives, par Barbé. *Brusselles*, 1729, in-12, 3 vol., br. — Le chrétien fervent, ou Recueil de diverses prières pour passer chrétiennement la journée. *Manheim*, 1750, in-8, br.**

146. **A book of christian prayers, collected out of the ancient writers. *London*, *R. Yardley*, 1590, pet. in-4, v. dent. (*Raccommodages*.)**

> Encadrements sur bois, à l'imitation de nos anciens livres d'heures.

147. **Tableau des fêtes chrétiennes, par Walsh. *Paris, Périsse*, 1838, in-8, fig., d.-mar. n. rog.**

148. **La distinction des places en l'église pour les clercs et pour les laïques, avec un traité des armoiries, comme elles ne doivent estre tolérées dans les églises et sur les ornements. *Paris*, 1657, in-12, demi-rel.**

### F. ASCÉTISME.

149. **Col. Beistel schola religiosa asceseologia. *Campidonæ*, 1757, in-8, fort vol., br.**

150. Hier. Drexelii opera varia. *Amst. et Coloniæ*, 1634-59, pet. in-12, fig., 28 vol., v.

151. Imitation en vers, par Corneille. *Brusselles*, 1723, pet. in-8, fig., br.

152. Currus Israel et auriga ejus ducens hominem christianum per vias rectas... in cœlum, auct. Ant. Ginther. *Aug.-Vind.*, 1701, in-4, br.

153. Lux SS. Rosarii, auct. R. P. Al. Bouchout, et tractatulus de archiconfraternitate SS. nominis Dei. *Lovanii*, 1669, in-4, parch.

154. Les frvicts sacrez du cordon indulgenciaire de saint François. *Paris*, 1604, in-12, fig., demi-rel.

155. Réflexions sur la miséricorde de Dieu, par M$^{lle}$ de La Vallière. *Bruxelles*, *Foppens*, 1712, pet. in-8, br. — Traité de la confiance en la miséricorde de Dieu, par Mgr J.-J. Languet, év. de Soissons. *Bruxelles*, 1740, pet. in-8, br.

156. Flores Meditationum, ex S. Ignatio, Patre Busæo, aliisque Soc. Jesu patribus excerpti. *Col.-Agr.*, 1623, pet. in-12, parch. — Idée de la perfection chrestienne, par le P. Henry de Comans, minime. *Bruxelles*, *Virien*, 1645, pet. in-12, vél.

157. Méditations religieuses, trad. de l'allem., par Ch. Monnard. *Lausanne*, 1841, in-8, 4 vol., bas.

158. Le nouveau Pédagogue chrétien, contenant toute la perfection chrétienne, par le R. P. d'Outreman, jés. *Mons*, 1645, in-4, 2 vol., vél.

159. Exercices spirituels de l'excellence, profit et nécessité de l'oraison mentale, par le R. P. Molina, trad. en franç. par R. Gauthier. *Paris*, 1631, in-8, v.

160. Pratiques de piété pour honorer le saint Sacrement, tirées de la doctrine des Conciles et des Saints Pères (par Richard, curé de Triel). *Cologne*, *Balth. d'Egmont*, 1683, in-8, fig., br.

161. Journal des Saints, ou Méditations pour tous les jours de l'année, par le P. Grossez. *Brusselles*, 1726, pet. in-8, 3 vol., br. — Réflexions sur J.-Ch. mourant, par le P. Tribolet. *Brusselles*, 1730, in-12, br.

162. Cam. Hectorei Solitudo sacra ad dies octo, juxta ideam Exercitionum S. Ignatii accommodata. *Coloniæ*, 1715, in-8, br.

163. Sentiments d'un chrétien touché d'un véritable amour de Dieu, par un solitaire de Sept-Fonts, représentés par 46 figures. *Paris*, 1758, in-12, cart.

164. Ant. Sucquet Via vitæ æternæ, iconibus 32 per Boëtium a Bolswert illustrata. *Antverpiæ*, 1625, in-8, parch.

165. Chemin de la vie éternelle, par le P. Sucquet, trad. en franç. par le P. Pierre Morin. *Anvers*, 1623, in-8, fig. (32), de Boëce à Bolswert, parch. (*Mouillé*.)

166. Paradisus Sponsi et Sponsæ, in quo messis myrrhæ et aromatum.... et Pancarpium Marianum, auct. Joa. David. *Antv.*, *Plantin.*, 1618, gr. in-8, br.

> Avec 105 figures de Théod. Galle.

167. Veridicus christianus, auct. Joa. David. *Antverpiæ, Plantin.*, 1601, in-4, v.

> Avec plus de 100 figures par Théod. Galle.

168. Occasio arrepta, neglecta, hujus commoda, illius incommoda, auct. R. P. Joa. David. *Antverpiæ, Plantin.*, 1605, in-4, fig. de Galle, vél.

169. Ben. Haefteni Schola cordis sive aversi a Deo cordis ad eumdem Reductio et Instructio. *Antverpiæ*, 1663, pet. in-8, br.

> 55 figures de Boëce à Bolswert.

170. Oth. Vœnii Amoris divini emblemata. *Antv., Plantin.*, 1660, in-4, v. br.

> 60 jolies figures.

171. G. Hesi Emblemata sacra de Fide, Spe, Charitate, *Antv., Plantin.*, 1636, in-12, br.

> 114 vignettes gravées sur bois.

172. Flammulæ Amoris S. P. Augustini, versibus et (29) iconibus exornata, auct. F. Mich. Hoyero. *Antv., Verdussen*, 1708, pet. in-12, br.

173. Necessaria ad salutem scientia per iconas LII repræsentata, auct. Jud. Andries. *Antv.*, 1654, pet. in-12, br.

174. La vertu enseignée par les oiseaux, par le P. Alard Le Roy, jés. *Liége, Bronckart*, 1653, pet. in-8, avec 14 fig., v. (*Mouillé*.)

175. Revelationes S. Birgittæ, a Cons. Duranto notis illustratæ. *Antuerpiæ*, 1611, in-fol., v.

### F. DROIT CANONIQUE.

176. Gratiani decretorum libri V. *Romæ*, 1727, in-fol., 2 vol., v.
177. Aug. Theiner disquisitiones criticæ in præcipuas canonum et decretalium collectiones, etc. *Romæ*, 1836, in-4, demi-rel.
178. La Pragmatique sanction, contenant les décrets du concile national de l'Église gallicane, assemblée en la ville de Bourges, au règne du roy Charles septiesme. *Paris*, 1561, pet. in-8, demi-rel.
179. Le Concile provincial des diocèses de Normandie, tenu à Roüen, l'an M. D. LXXXI, par le card. de Bovrbon, archev. dudict lieu. Le tout mis en françois par F. Claude de Sainctes. *Paris*, 1583, pet. in-8, demi-rel.
180. Lud. Nogueira expositio bullæ cruciatæ Lusitaniæ concessæ. *Antv.*, 1716, in-fol., v.
181. J. Geo. Pertschii commentatio juris ecclesiastici de crimine Simoniæ. *Halæ-Magdeb.*, 1719. = Commentatio hist. theol. qua nobiliss. controversia de consecrationibus episcoporum anglorum recensetur et dijudicatur, ab Ol. Kiorningio. *Helmest.*, 1639, in-4, bas.
182. La gerarchia ecclesiastica considera nelle vesti sagre e civili dal P. Bonanni. *Roma*, 1720, in-4, fig., 2 vol., demi-rel.
183. Morientum in Domino jus, seu Libertas sepulturæ catholicæ sacræ Scripturæ testimoniis illustrata, contra calumnias hæreticorum, per F. Ambrosium Peuplus. *Leodii*, *Tournay*, 1655, in-4, vél.

### G. HISTOIRE ECCLÉSIASTIQUE.
#### A. *GÉNÉRALITÉS. — PAYS DIVERS.*

184. Ecclesiæ catholicæ a Christo ad nos usque speculum chronographicum, concinnabat Fr. M. C. (Fr. Mathias Chefneux.) *Leodii*, 1670-71, in-fol., 3 part. en 2 vol., v. f.
185. Histoire ecclésiastique depuis la réformation, par Schrock. *Leipzig*, 1804, in-8, 10 vol., br. (*En allem.*)

186. Geographia sacra, sive Notitia antiqua diœcesium omnium, patriarchalium, metropolitanarum et episcopalium veteris ecclesiæ, auct. Carolo a S. Paulo, cum notis Lucæ Holstenii, *Amst.*, 1704, in-fol., cart., non rogné.

187. Aub. Miræi notitia episcopatuum orbis christiani. *Antverpiæ*, 1613, in-8, v.

188. Les cimetières sacrez, par Henry de Sponde. *Paris*, 1600, in-12, demi-rel.

189. Flodoardi presb. ecclesiæ Remensis canon. historiarum ejusdem ecclesiæ lib. IV, editi cura et studio Jac. Sirmondi. *Paris.*, 1611.= Hierogazophylacium, sive Thesaurus sacrarum reliquiarum Belgii, auct. Arn. Raynio. *Duaci*, 1628, pet. in-8, demi-rel.

190. Annales ecclésiastiques du diocèse de Châlons en Champagne, par Rapin. *Paris*, 1636, pet. in-8, demi-rel. (*Piqué*.)

191. De l'antiquité de l'église N.-D. dite la Daurade à Tolose; et autres antiquitez de la ville, par Jean de Chabanel, Tolosain. *Tolose*, 1621, in-12, demi-rel.

192. Cruels effets de la vengeance du card. de Richelieu, ou Histoire des diables de Loudun, de la possession des religieuses ursulines et de la condamnation et du supplice d'Urbain Grandier, curé de la même ville. *Amst.*, 1717, pet. in-8, figure, demi-rel.

193. Histoire des miracles advenuz n'aguères a l'intercession de la glorieuse Vierge Marie, au lieu dit Mont-Aigu, prez de Sichen, au duché de Brabant. *Lovain*, 1604, pet. in-8, figure, demi-rel. -- Deuxiesme partie des Miracles de N.-D. de Mont-Aigu, augmentée; le tout recueilly par Phil. Numau. *Bruxelles*, 1609, in-8, demi-rel.

194. Catalogo cronologico de' canonici della chiesa metropolitana Fiorentina, compitato l'a. 1751, da Salvino Salvini. *Firenze*, 1782, in-4, br.

195. Historia episcopatus Silvæducensis. *Bruxellis*, 1721, pet. in-4, br. — Historia de rebus ecclesiæ Ultrajectensis, a tempore mutatæ religionis in fœderato Belgio. *Colon.*, 1725, in-4, br. — Jac. Wimphelingii Catalogus episcoporum Argentinensium. *Argent.*, 1660, in-4, br.

A**.

196. Joa. Chapeaville gesta pontificum Leodiensium. *Leodii*, 1612-16, in-4, 3 vol., v.

Ouvrage savant qu'on trouve rarement complet.

197. Trophée de la religion catholique, après la défaite des infidelles dans les Païs-Bas par l'empereur Arnulphe, roi de Bavière, l'an 895. Erigée à la reine du ciel par deux vierges, sœurs de Hugue, duc de Germanie et de Lorraine; enseveli au Lacq sous la ruine des Normans. *Bruxelles*, *s. d.* (1694), pet. in-8, fig., demi-rel.

198. Iter Fuldense ill. ac rev. Pet. Al. Carafæ, episc. Tricar. in quo periocha historiæ visitatio et reformatio celeberr. Abbatiæ S. Salvatoris civitatis Fuldensis continetur. *Leodii. Ouwerx*, 1627, in-4, vél.

199. Eus. Renaudoti historia patriarcharum Alex. Jacobitarum. *Paris.*, 1713, in-4, v.

200. Lettres édifiantes et curieuses écrites des missions étrangères. Nouvelle édition. *Paris*, *Mérigot*, 1780-83, in-12, fig., 26 vol. v. gr. — Nouvelles lettres édifiantes des missions de la Chine et des Indes-Orientales. *Paris*, *Ad. Leclerc*, 1818-23, in-12, 8 vol., demi-veau.

201. Nouvelles des Missions orientales. *Lyon*, 1808, in-12, br. — Relation de l'établissement du christianisme dans le royaume de Corée. *Londres*, 1800, pet. in-8, br. — Extrait du rapport fait au gouvernement de Madras, pet. in-8. (*Manuscrit.*)

202. Epistolæ indicæ et japonicæ de multarum gentium ad Ch. fidem per Soc. Jesu conversione. *Lovanii*, 1570, pet. in-8, v.

203. Les epistres des Peres generaux aux Peres et Freres de la Compagnie de Jesus. *Tolose*, 1609, in-12, demirel. (*Mouillé.*)

204. Lettre au duc du Mayne sur les cérémonies de la Chine, par le P. Lecomte. *Liége*, 1700, pet. in-8, br.

### B. HISTOIRE DES PAPES, etc.

205. Histoire des papes : crimes, meurtres, empoisonnements, parricides, adultères, incestes, depuis saint Pierre jusqu'à Grégoire XVI. *Paris*, 1842-1843, in-8, 10 vol, fig., br.

206. Salmasius, de primatu Papæ, accessere de codem

primatu Nili Archiepiscopi et Barlaami tractatus. *Lugd.*
*Bat., ex off. Elzev.*, 1645, in-4, parch.

207. Essai historique sur la puissance temporelle des Papes
(par Daunou). *Paris*, 1811, in-8, 2 vol., br.

208. Ilias malorum regni pontificio-romani, hoc est historica dissertatio de injustissimo pont. rom. in ecclesia
Dei dominatu, auct. Leon. Huttero. *Witebergæ, Seuberlich*, 1609. = Tractatus Nic. de Clemangis de corrupto
ecclesiæ romanæ statu, edente Leon. Huttero. *Ibid.*,
1608. = Andreæ Dudithii orationes in conc. Trid. habitæ et alia opuscula edita opera et studio Quir. Reuteri.
*Offenbach*, 1610, pet. in-4, v. f.

209. La papesse Jeanne, ou Dialogues entre un protestant
et un papiste, par Al. Cooke. *Sedan*, 1633, in-8, parch.

210. Familier éclaircissement de la question si une femme
a été assise au siége papal de Rome entre Léon IV et Benoist III, par David Blondel. *Amst., J. Blaeu (Elzev.)*,
1647, pet. in-8, v. f.

211. La vie du Pape Alexandre VI, et de son fils César
Borgia, par Gordon. *Amst., Mortier*, 1731, in-12,
2 vol., demi-rel. — Vie de Sixte V. *Paris*, 1731, in-12,
2 vol., br.

212. Le vite di Leone X e d'Adriano VI pontefici, et del
card. Pomp. Colonna, scritte da P. Giovio, trad. da
Lod. Domenichi. *Fiorenza, Torrentino*, 1551, in-8,
demi-rel.

213. Traitté de l'origine des cardinaux du Saint-Siége et
particulièrement des François. *Cologne, Pierre ab Egmont*
*(Elzev.)*, 1665, in-12, v. ant. fil. tr. dor. (*Thouvenin*
*jeune.*)

214. Imagines et Elogia XII Cardinalium pietate, doctrina
rebusque gestis maxime illustrium, cum fig. Theod. et
Phil. Gallæi. *Antverpiæ*, 1598, in-4, portr., v. ant. dor.
à compart.

215. Histoire du Concile de Trente, par fra Paolo Sarpi,
trad. avec des notes, par Le Courayer. *Amst.*, 1736, in-4,
v. f. (*Armoiries.*)

216. Notes sur le Concile de Trente, touchant les points
les plus importants, recueillies par Et. Rassicod. *Cologne*,
1706, in-8, br.

2.

B. *VIES DES SAINTS ET AUTRES PERSONNES RELIGIEUSES.*

217. Dictionnaire historique des saints personnages. *Paris*, 1772, pet. in-8, 2 vol., br.

218. Flos Sanctorum , auct. Ribadeneira. *Col.-Agr.*, 1700, in-fol., 3 vol., v. br.

219. Vitæ Sanctorum, ex probatissimis authoribus collectæ, per Hardum. *Lugd.*, 1594, in-8, parch.

220. H. Engelgrave Cœleste Pantheon, sive Cœlum novum in festa et gesta sanctorum totius anni. *Coloniæ, Jac. a Meurs (Typ. Elzev.)*, 1659, in-8, 81 fig. emblém., 2 part. en 1 vol., br.

221. De la Vénération rendue aux reliques des Saints, selon l'esprit de l'Église. *Avignon*, 1713, in-12, demi-rel.

222. Raccolta delle vite de' santi, opera d'un Padre dell' oratorio di Venezia. *Brescia*, 1825, in-18, 13 vol., br.

223. Recueil curieux d'un grand nombre d'actions fort édifiantes, des Saints et d'autres personnes distinguées qui ont vécu dans les deux premiers siècles, par Bertrand Moreau. *Liége*, 1696, in-4, br.

224. Litaniæ Sanctorum Augustiss. domus Lotharingiæ. In-8 , cart.
   Manuscrit du xviii° siècle, de 10 feuillets, sur vélin.

225. Brevis ac succinctus passionis BB. Martyrum Gorcomiensium recensus, cum 19 eorum effigiis. Pet. in-8, cart. (*Le titre manque.*)

226. S. Bernardi pulcherrima et exemplaris vitæ medulla, LIII iconibus illustrata, labore et impensis Abbatiæ Beatæ Mariæ de Bandeloo in civit. Gandavensi. *Antv.*, 1653, pet. in-4, fig., parch.

227. Vita et miracula S. P. Dominici Prædic. ord. primi institutoris. *Antuerpiæ, Th. Gallæus*, 1611, pet. in-4, cart.
   3a jolies figures gravées par P. de Jode, J. Nys et Théod. Galle.

228. Corn. Curtii , ord. Eremit. S. Augustini, Nicolaus Tolentinus aliique aliquot ejusdem ordinis beati. *Antv.*, Cnobbaert, 1635, pet. in-12, fig., parch.

229. Vita D. Thomæ Aquinatis, Othonis Vænii ingenio et

manu delineata. *Antverpiæ, sumptibus Oth. Vænii,* 1610, in-fol., br., non rogné.

3: jolies figures.

230. Historia general de sancto Domingo y de su orden de Predicadores; por el fray Hern. de Castillo, *Madrid, Sanchez,* 1584, in-fol., 2 vol., parch.

231. La vie de saint François de Paule, fondateur de l'ordre des Minimes, par le R. P. Giry. *Bruxelles,* 1738, pet. in-8, br.

232. Vita e miracoli di S. Francesco di Paola, descritta da Mgr Paola Regio, vescovo di Vico. *Venetia,* 1625, pet. in-8, fig. sur bois, cart.

233. Vita Sanctissimi Confessoris et Pontificii Huberti. (*Bruxellis,* 1730.) In-4, br.

234. Les vies de S. Exupere et Loup, vulgairement appelez S. Spire et S. Leu premier et troisiesme evesques de Bayeux, par J. Bocquet. *Paris,* 1627, pet. in-8, demi-rel. (*Titre fatigué.*)

235. La vie et les sermons de saint Eloy, evesque de Noyon. *Paris,* 1693, in-8, figure, demi-rel.

236. Proto-Martyr Pœnitentiæ, divus Joannes Nepomucenus, aut. J. Th. Adelb. Bergbauer. *Aug.-Vind.,* 1736, in-fol., fig., br.

237. Vita sancti Udalrici, Episc. Augustanorum Vindelicorum. *Aug. Vind.,* 1695, in-4, parch.

238. Vita et Martyrium Beati Justi Goudani, Cartusiæ Delphensis, in Hollandia professi et sacristæ. *Bruxellis,* 1624, in-4, parch.

239. Les Visions de Melinte, ou les triomphes de la valeur et de la piété dans les glorieux saints Conrard, comte de Friburg et de Furstenberg, Menard, comte de Hohenzolleren, Gobert, comte d'Apremont, Guillaume, duc d'Aquitaine, etc., poëme, par Des Hayons. *Liége,* 1637, in-4, cart.

240. Idée de la vie et de l'esprit de Messire Nic. Choart de Buzanval, év. de Beauvais. *Paris,* 1707. = La vie de M. Hermant, chan. de Beauvais. *Amst.,* 1717, in-12, br.

241. La vie et le martyre du R. P. Grégoire de Saint-Loup, relig. capucin, guillotiné à Vesoul en 1796. *Luxembourg,* 1800, pet. in-8, br.

242. S. Mariæ Magdalenæ vitæ historia , auct. Car. Stenge-
lio. *Aug.-Vind.*, 1622 , in-12 , parch.

243. D. Catharinæ , Senensis virginis , ord. Prædic. , vita
ac miracula selectiora. *Antverpiæ*, *Th. Gallæus* , 1603 ,
pet. in-4 , cart.

    3 2 figures gravées par Corn. Galle.

244. Icones Sanctæ Claræ.... vitam, miracula, mortem re-
præsentantes. *Antverpiæ*, *Ad Collaert*, *s. a.*, pet. in-4 ,
demi-rel.

    3 2 jolies figures gravées par Adr. Collaerl.

245. La vie de la bienheureuse Marguerite de Lorraine, par
de La Serre. *Paris*, 1652 , pet. in-8 , demi-rel.

246. Triumphus castitatis seu acta et mirab. vita vener.
Wilburgis virginis, ord. S. Augustini, per R. P. Bern.
Pcz. *Aug.-Vind.*, 1715 , in-4 , demi-rel.

247. Vita S. Beggæ, ducissæ Brabantiæ, Begginarum et
Bæggardorum fundatricis. *Lovanii*, 1631 , fig. = Vita
S. Gertrudis, abbatissæ Nivellensis, Brabantiæ tutelaris.
*Ibid.*, 1632 , in-4 , vél.

248. Sanctorem septem dormientium historia, ex ectypis
Musei Victorii expressa, dissertatione et veteribus moni-
mentis sacris profanisque illustrata. *Romæ*, 1741 , in-4 ,
parch.

249. Rod. Hospiniani de monachis libri sex. *Genevæ*, 1669,
in-fol., v.

250. Ordres monastiques, histoire extraite de tous les auteurs qui ont conservé à la postérité ce qu'il y a de
plus curieux dans chaque ordre. *Berlin*, 1751 , in-12,
4 vol., v. m.

251. Ordinum religiosorum in ecclesia militanti Catalogus
(lat. et ital.), eorumque indumenta in iconibus expressa
a Ph. Bonanni. *Romæ*, 1722 , in-4, fig., 4 vol., vél.

252. Idem opus. *Norimb.*, 1732 , in-4 , 4 tom. en 1 vol.,
v. ( *Incomplet de quelques figures.*)

253. Histoire du Clergé séculier et régulier... tirée du P.
Bonanni, etc. *Amst.*, 1716, pet. in-8, 4 vol., v. m.,
fil., tr. dor.

254. Sancti fundatores religiosorum ordinum; quorum ef-
figies artificiose repræsentantur.... encomia metrice di-

lucidantur... per J. A. F. Pauwels. *Antuerpiæ*, 1777, gr. in-4, demi-rel.

39 portraits par C. et J. Galle.

255. Miroir bénédictin, ou la règle de saint Benoist, proposée pour miroir, en forme de dialogue entre une communauté de religieuses bénédictines et un prélat du même ordre. *Bruxelles*, 1668, pet. in-8, demi-rel.

256. Statuts pour les Freres mineurs rec llets de la Province de St-Denys en France, ou de Paris, par le R. P. Ignace le Gault. *Rouen*, 1637, pet. in-8, demi-rel.

257. F. Nic. Crusenii Monasticon-Augustinianum. *Monachii*, 1623, in-fol., fig., parch.

258. Rejettons sacrés pullulants de la palme triumphante des premiers martyrs de l'ordre dit des frères Eremites de St-Augustin, recueillis par F. Georges Maigret Buillonoy, représentés en 28 grav., par Ad. Collaert. *Liége*, *Ouwerx*, 1612, petit in-8, v. dor.

Belles épreuves.

259. Virorum illustrium ex ord. Eremit. D. August. elogia, auct. F. Corn. Curtio. *Antuerpiæ, Cnobbart*, 1636, pet. in-4, vél.

Avec 30 portraits gravés par Corn. Galle.

260. De origine seraphicæ religionis Franciscanæ ejusque progressibus de regularis observantiæ institutione, etc., aut. F. Franc. Gonzaga. *Romæ*, 1587, in-fol., fig., parch.

261. Cistercium-bis-tertium, seu Historia elogialis ordinis Cisterciensis, aut. Aug. Sartorio. *Vetero-Pragæ*, 1700, in-fol., fig., 1 tom. en 2 vol., br.

262. Imago primi sæculi Societatis Jesu. *Antv.*, 1640, in-fol., belles fig., v. br.

263. Tableau raccourci de ce qui s'est fait par la Compagnie de Jésus durant son premier siècle, traduit du lat. du P. Jacq. Damiens, par le P. Franç. Laslier. *Tournay*, 1642, in-4, v., fil

264. Histoire de dom Inigo de Guipuscoa, chev. de la Vierge, etc., par H. Rasiel de Selva. *La Haye*, 1736, in-12, 2 vol., v.

265. Dénonciations des crimes et attentats des soi-disants

jésuites dans toutes les parties du monde, ou Abrégé chronologique des friponneries, conjurations, meurtres de rois, etc., commis par les ignaciens, etc. *S. l.*, 1762, in-12, 3 part. en 1 vol., v. m.

266. Apologie sommaire des Carmélites du fauxbourg St-Jacques. *S. l.*, 1749, in-12, v. gr.

267. Règlements de la Maison-Dieu de N.-D. de la Trappe, par l'abbé de Rancé, mis en nouvel ordre et augmentés des usages particuliers de la Maison-Dieu de la Val-Sainte, de N.-D. de la Trappe au canton de Fribourg. *Fribourg*, 1794, in-4, 2 vol., demi-rel.

268. Pièces détachées relatives au clergé séculier et régulier, recueillies par de Puységur. *Amst.*, 1771, in-8, 3 vol., br.

269. Recueil des protestations des maisons religieuses supprimées à Bruges, avec d'autres pièces y relatives. 1797, in-8, br.

270. Lettre de l'abbé S*** à Mad^elle de G***, béguine d'Anvers, sur l'origine et le progrès de son institut. *Paris*, 1731, in-12, fig., br.

271. Histoire des ordres militaires ou des chevaliers... tirée de Giustiniani, Bonanni, etc. *Amst.*, 1721, pet. in-8, fig., 4 vol., v. br.

272. Histoire de l'ordre militaire des Templiers ou chevaliers du Temple de Jérusalem, par Pierre du Puy. *Bruxelles, Foppens*, 1751, in-4, fig., broché en cart.

273. Histoire des chevaliers de Malte, par Vertot. *Amst.*, 1780, in-12, 5 vol., br. — Histoire de Pierre d'Aubusson, par le P. Bouhours. *La Haye*, 1739, in-12, fig., br.

C. *HÉRÉSIES. — SCHISMES. — ÉCRITS HÉTÉRODOXES.*

274. Exposition de la foi chrétienne, suivie d'une courte réfutation des principales erreurs de l'Église romaine, par G. Mallet. *Genève, s. d.*, in-8, 2 vol., v.

275. Rod. Hospiniani historiæ sacramentariæ duæ partes. *Genevæ*, 1681, in-fol., v.

276. Historia hæresis monothelitarum, etc., edit. Combefis. *Paris.*, 1648, in-fol., vél.

277. Historia Albigensium, et sacri belli in eos anno M. CC. IX, suscepti, duce et principe Simone a Monte-Forti,

dein Tolosano comite, rebus strenue gestis clarissimo, auctore Petro. *Trecis*, 1615, in-8, demi-rel.

278. Histoire des Vaudois, divisée en trois parties, par J. P. Perrin, *Genève*, 1619, pet. in-8, demi-rel.

279. Hist. abrégée de la réforme de Luther, trad. de l'angl. de Mgr Walmesley. *Malines*, 1819, in-12, br. — Ant. Walæi enchiridium religionis reformatæ. *Ludg. Bat.*, *Moyard*, 1660, pet. in-12, vél.

280. De Pastore evangelico tractatus, auct. Ol. Bowles. *Juxta ed. Londinense (Amst., Elzev.)*, 1659, petit in-12, vél. — La théologie réelle, vulgairement dite la théologie germanique. *Amst., Wetstein*, 1700, pet. in-12, vél.

281. Court abrégé de la doctrine et des pratiques de l'Église de Rome, par Daniel de Beaufort, trad. de l'angl. *Londres*, 1790, in-8, cart.

282. Confession de foi des églises réformées des Pays-Bas, représentée en deux colonnes. *Rott.*, 1726, in-4, br. en cart.

283. Relation du pays de Jansenie, par Fontaine. *Rouen*, 16.4, pet. in-8, demi-rel.

284. Mémoires pour servir à l'histoire de Port-Royal, par Nic. Fontaine. *Cologne*, 1753, pet. in-12, 4 vol., v.

285. Les Pensées et les Provinciales de Bl. Pascal. *Paris*, *Renouard*, 1803, in-12, pap. vél., 4 vol., demi-rel.

286. Les Provinciales (par Pascal). *Cologne*, *Nic. Schoute*, *(Elzev.)*, 1659, in-8, vél. — Les Imaginaires et les Visionnaires (par Nicole). *Cologne*, *Pierre Marteau*, 1683, in-8, vél.

287. Historia congregationum de Auxiliis divinæ gratiæ, auct. Jac. H. Serry. *Ant.*, 1709, in-fol., v.

288. La Vérité des miracles opérés par l'intercession de M. de Paris, par M. de Montgeron, *Utrecht*, 1737, in-4, fig., br.

289. La réalité du projet de Bourg-Fontaine, démontrée par l'exécution (par le P. Sauvage, jésuite), nouvelle édition, augmentée de la réponse aux lettres de D. Clémencet contre cet ouvrage. *Paris*, 1787, in-8, 2 v., cart.

290. La Religion du médecin, par Th. Brown. *(Elzev.)*, 1668, pet. in-12, v.

291. Des Erreurs et de la Vérité (par S. Martin.). *Édimb.*, 1775, in-8, v. f. fil. tr. dor. — Tableau naturel des rapports qui existent entre Dieu, l'homme et l'univers

(par le même). *Ibid.*, 1782, in-8, 2 part. en 1 vol., demi-rel.

292. La Morale universelle (par d'Holbach). *Amst.*, 1776, in-8, 3 vol., demi-rel.

## II. RELIGIONS ÉTRANGÈRES.

293. La Vie de Mahomet, trad. de l'Alcoran, par Gagnier. *Amst.*, *Wetstein*, 1732, in-12, fig., 2 vol., demi-rel.

294. Had. Relandi de Religione Mohammedica libri duo. *Traj. ad Rhen.*, 1675, pet. in-8, fig., br.

295. Zend-Avesta, ouvrage de Zoroastre, trad. par Anquetil du Perron. *Paris*, 1771, in-4, fig., 3 vol., v. f., fil., tr. dor.

296. Le Chou-King, un des livres sacrés des Chinois, trad. par le P. Gaubil, et publ. par de Guignes. *Paris*, 1770, in-4, v. f.

297. Systema brahmanicum liturgicum, mythologicum, civile, ex monumentis indicis musæi Borgiani dissertationibus illustravit, F. Paulinus a S. Bartholomæo. *Romæ*, 1791, in-4, fig., br.

## III. SUPERSTITIONS. — MAGIE. — VISIONS.

298. Traité historique et dogmatique sur les apparitions, les visions, etc., par Lenglet-Dufresnoy. *Paris*, 1751, in-12, 2 vol., v.

299. Recueil de dissertations sur les apparitions, les visions, etc., par Lenglet-Dufresnoy. *Paris*, 1751, in-12, 4 vol., br.

300. Apologia pro exorcistis, energumenis, maleficiatis et ab incubis dæmonibus molestatis, auct. Nic. de Borre *Lovanii*, 1660, pet. in-4, parch.

301. De la Démonomanie des sorciers, par J. Bodin. *Anv.*, *Keerbergh*, 1593, in-8, cart.

302. Secreta mulierum et virorum, ab Alberto Magno composita. *S. l. n. a.*, pet. in-4 goth., v. f. fil.

303. Summa astrologiæ judicialis de accidentibus mundi, quæ anglicana vulgo nuncupatur, Johannis Eschuid, viri anglici. *Venetiis*, 1489, in-fol., cart.

Incomplet d'un feuillet.

# MATHÉMATIQUES. — PHYSIQUE. — CHIMIE.

304. Comptes rendus de l'Académie des sciences. *Paris*, 1836-43, in-4., tom. 2 à 14 et 17.

305. Leçons de mécanique analytique données à l'École polytechnique par M. de Prony. *Paris*, 1815, in-4, fig., 2 vol., br.

306. Mémoires militaires sur les Grecs et les Romains, etc., avec une dissert. sur l'at'aque et la défense des places des anciens, etc., par Ch. Guischardt. *Lyon*, 1760, in-4, fig., 2 vol. br.

307. L'architecture militaire ou fortification, par A. Fribach. *Leide, Elzev.*, 1635, in-fol., fig., vél.

308. Architecture militaire moderne ou fortification, confirmée par diverses histoires, par Matth. Doegert, trad. en franç. par Hélie Poirier Parisien. *Amst., Elzev.*, 1648, in-fol., fig. et plans, v.

309. Les fortifications de M. le comte de Pagan. *Bruxelles*, *Fr. Foppens (Elzev.)*, 1668, pet in-12, fig., vél.

310. Artillerie, ou vraye instruction de l'artillerie et de ses appartenances, par Diego Ufano ; trad. de l'espagnol. *Rouen*, 1628, in-fol., fig., demi-mar. n. tr. dor.

311. Mémoires d'artillerie par mer et par terre, par Surirey de Saint-Remy. *La Haye*, 1741, in-4, 2 vol., d.-rel.
   Avec 193 figures et nombre de fleurons gravés par Le Pautre.

312. Traité des armes, des machines de guerre, des feux d'artifice, des enseignes et des instruments militaires, par le sieur de Gaya. *Paris*, 1678, in-12, fig., v. f. tr. dor.

313. Nouuelles pensées sur les causes de la lumière, du desbordement du Nil, etc., par de La Chambre. *Paris*, 1634, in-4, v. br. tr. dor.

314. Les livres de Hierome Cardanus, medecin milannois, intitulés de la Subtilité, et subtiles inuentions, trad. du lat., par Richard le Blanc. *Paris, Guill. le Noir*, 1556, in-4, fig., v. br.

315. La Pyrotechnie, ou Art du feu, comp. en ital., par

Vanoccio Biringuccio, trad. par Jacques Viencent. *Rouen*, 1627, in-4, fig., demi-mar.

316. L'Art de composer des pierres factices aussi dures que le caillou, par Fleuret. *Pont-à-Mousson*, 1807, in-4, fig., demi-rel.

## HISTOIRE NATURELLE.

317. Histoire naturelle de Pline, trad. avec le texte (par Poinsinet de Sivry). *Paris*, 1771, in-4, 12 vol., v. r.

318. Julii Obsequentis quæ supersunt ex libro de Prodigiis, cum animadversionibus Joa. Shefferi, et supplementis Conr. Lycosthenis, curantè Fr. Oudendorpio. *Lugd. Bat.*, 1720, in-8, vél.

319. Œuvres de Buffon, publ. par Sonnini. *Paris*, 1798, in-8, fig., 127 vol., br.

320. Jo. Geo. Liebknecht Hassiæ subterraneæ specimen, clarissima testimonia diluvii universalis, ex triplici regno petita. *Francof.*, 1750, in-4, 16 pl., cart. n. rog.

321. Pyritologie, ou Hist. nat. de la pyrite, par J. Fréd. Henckel. *Paris*, 1760, in-4, fig., demi-rel. n. rog.

322. Dictionnaire élémentaire de botanique, par Bulliard, *Paris*, 1783, gr. in-4, fig. color., demi-rel.

323. Recherches sur l'usage des feuilles dans les plantes et sur quelques autres sujets relatifs à l'histoire de la végétation, par Ch. Bonnet. *Gœttingue*, 1754, in-4, 31 fig., br.

324. Histoire des plantes vénéneuses et suspectes de la France, par Bulliard. *Paris*, 1784, pet. in-fol., d.-rel. — Histoire des champignons de la France, par Bulliard. *Paris*, 1791, pet. in-fol., fig. color., d.-rel. (*Tom. I.*)

324. Herbarium Blackwellianum emendatum et auctum, id est Elisabethæ Blackwell collectio simplicium quæ in pharmacopolis ad medicum usum asservantur, quarum descriptio et vires ex angl. idiom. in latin. conversæ sistuntur.... (lat. et germ.) cum præfat. Chr. Jac. Trew. *Norimbergæ*, 1730-37, in-fol., 6 vol., demi-rel. n. rog., pap. de Holl.

Avec plus de 600 belles planches coloriées d'après nature par le peintre Edenberg.

326. Plants growing in Bombay and its vicinity, by Graham. *Bombay*, 1839, in-8, cart.

> Ouvrage introuvable, tiré seulement à 5o exemplaires. Celui-ci a été
> annoté au crayon par l'auteur, peu de temps avant sa mort.

327. Flora boreali-americana, collegit A. Michaux. *Paris.*, 1803, gr. in-8, fig., 2 vol., br.

328. Joh. Neandri Tabacologia, hoc est tabaci seu nicotianæ descriptio. *Lugd. Bat., Is. Elev.*, 1622, in-4, fig., vél.

329. Traité des arbres et des arbustes qu'on cultive en France en pleine terre, par Duhamel du Monceau. *Paris*, 1800, in-fol., fig. noires, livr. 1 à 19.

330. Le même, pap. gr. carré vél., figures peintes par Redouté, liv. 1 à 31, form. les tomes 1 et 2, et 9 livr. du tome 3.

331. Le Cose della villa, di P. Crescentio, trad. per Fr. Sansovino, con le figure delle herbe. *Venetia*, 1564, in-8, fig., demi-rel.

332. Mémoires pour servir à l'histoire naturelle des animaux, par Perrault et Dodart. *Amst., Mortier*, 1736, gr. in-4, 1 tome en 2 vol., demi-rel. n. rog.

> 96 figures gravées par Duflos.

333. Cours théorique et pratique de maréchalerie vétérinaire, par Jauze ; ouvr. orné de 110 pl. d'après nature, etc. *Paris*, 1818, in-4, br.

334. Les Ruses innocentes dans lesquelles se voit comment on prend les oyseaux passagers, etc., par F. F. F. B. D. G., dit le Solitaire inventif. *Paris*, 1640, in-4, fig., v. br.

335. Les dons des enfants de Latone : la musique et la chasse du cerf, poëmes (par J. de Serre de Rieux). *Paris*, 1734, in-8, fig. d'Oudry et musique, v. m.

336. Histoire des poissons, par Ant. Gouan. *Strasbourg*, 1770, in-4, fig., demi-rel.

337. Nomenclator iconum Entomologiæ Linneanæ: curante et augente Car. de Villiers. *Lugd.*, 1787, in-fol. obl., fig., représ. 308 insectes, br.

338. Métamorphoses naturelles, ou Histoire des insectes,

par J. Goedart, avec 155 grav., d'après nature. *Amst.*,
1700, pet. in-8, 3 vol., cart.

339. Catalogue systématique des coléoptères (avec l'explic.
en franç., en lat. et en holland.). *La Haye*, 1806, in-4,
cart.

Fragments des tomes I et II, avec 40 planches coloriées.

340. Histoire naturelle des insectes coléoptères, par Cas-
telnau et Blanchard. *Paris*, 1840, in-8, fig., 3 vol.,
demi-rel.

# MÉDECINE.

341. Adamantii Sophistæ physiognomonicon lib. II, gr.,
cum Jani Cornarii versione. *Basileæ*, 1544, pet. in-8,
mar. r. fil. tr. dor.

342. L'Art de connaitre les hommes par la physionomie,
par Gasp. Lavater. *Paris*, 1806, gr. in-4, 10 vol., cart.

Avec 500 gravures exécutées sous l'inspection de M. Vincent, peintre.

343. A. Corn. Celsi de re medica libri octo. *Paris.*, *Didot*,
in-12, v. m., tr. dor.

344. Le Demostherion de Roch le Baillif, edelphe, medecin spagiric. *Rennes*, *P. Le Bret*, 1578. = Petit Traité
de l'antiquité et singularités de Bretagne armonique, par
Roch le Baillif. *Ibid.*, 1577, pet. in-4, parch.

345. Barth. Eustachii tabulæ anatomicæ illustratæ ab And.
Maximino. *Romæ*, 1783, in-fol., fig., cart.

346. Traité complet de l'anatomie de l'homme, par Hipp.
Cloquet. *Paris*, 1825, in-4, livr. 1 à 11.

347. Darstellung der Venen des menschichen Korpen, von
dr A. C. Bock. *Leipzig*, 1823, in-8, et atlas in-4, de
20 pl. col., br.

348. Description des maladies de la peau, par Alibert. *Paris*, 1825, gr. in-fol., fig. col., 12 livr.

349. Qui incomincia il libro chiamato tesoro di poveri com-
pilato e fatto, per Piero Spano. *S. l. n. a.*, in-8, demi-
rel.

Édition florentine du xve siècle.

# SCIENCES MORALES.

*Traités divers. — Fables. — Emblèmes. — Devises.*

350. Ant. Walæi compendium ethicæ aristotelicæ et Schrevelii lambi morales. *Lugd. Bat.*, *Elzev.*, 1636, pet. in-12, vél. — Dan. Sinapii dissertationes ethicæ. *Lugd. Bat.*, *F. Hackius (Elzev.)*, 1645, pet. in-12, vél. — Ex omnibus aliquid et in toto nihil, sive Synopsis philosophiæ moralis. *Traj. ad M.*, 1735, pet. in-8, br.

351. Ammaestrament degli antichi latini e toscani raccolti et volgariz. da Bart. da S. Concordio. *Firenze*, 1661, in-12, cuir de Russie.

352. Opere morali di Cicerone, trad. da Vendramino. *Venetia*, 1653, pet. in-8, parch.

353. Pensées morales de divers auteurs chinois, recueillies par Lévesque. *Dresde*, 1786, pet. in-8, br.

354. Les Caractères de Théophraste, d'après un manuscrit du Vatican, trad. nouv. avec le texte grec, etc., par Coray. *Paris*, 1799, in-8, v.

355. Le Manuel d'Épictète et les Commentaires de Simplicius, trad. par Dacier. *Paris*, 1715, in-12, 2 vol., v.

356. Simplicii commentarius in Enchiridion Epicteti, cum versione Wolfii et Salmasii animadversionibus. *Lugd. Bat.*, 1640, in-4, parch.

357. Vita, gesti, costumi, discorsi et littera, di Marco Aurelio, imp., con la giunta di moltissime cose che nello spagnuolo non erano e delle cose spagnuole che mancano nella traduzione italiana. *Vinegia*, *Giolito*, 1553, pet. in-8, bas.

358. Réflexions de l'empereur Marc-Aurèle Antonin, trad. par Dacier. *Dresde*, 1786, in-12, cart.

359. Les mêmes, trad. par de Joly. *Paris*, *A. Renouard*, 1796, in-12, pap. vél., v. ant. gaufr. tr. d.

360. Franc. Petrarca... Des remèdes de l'une et de l'autre fortune, trad. en allem. *Francf. s. l. M.*, 1596, in-fol., 2 tom. en 1 vol., v.

   Ouvrage orné de 258 figures fort curieuses, gravées sur bois.

361. La consolation philosophique de Boëce, nouv. tra-

duction avec des remarques et une dédicace massonnique. *La Haye*, 1744, in-12, 2 vol., v.

362. Essais de Montaigne. *Paris, Didot l'aîné*, 1802, in-12, 4 vol., v. fil. tr. dor.

363. De la Sagesse, trois livres, par Pierre Charron. *Amst.*, *Elzev.*, 1662, pet. in-12, v.

364. De la Sagesse, par Charron, nouv. éd. avec des notes, par Amaury-Duval. *Paris, Chassériau*, 1824, in-8, 3 vol., br.

365. De l'usage des passions, par le P. Senault. *Suiv. la copie impr. à Paris (Elzev.)*, 1643, pet. in-12, vél.

366. Les caractères des passions, par le sieur de la Chambre. *Amst., Ant. Michel (Elzev.)*, 1658, pet. in-12, 2 tom. en 1 vol., parch.

367. Traité du jeu, par J. Barbeyrac. *Amst.*, 1737, pet. in-8, 3 vol., bas.

368. Justi Pascasii de alea libri duo. *Amst., Elzev.*, 1642, in-16, vél.

369. Livre des lumières, ou la conduite des rois, composé par le sage Pilpay, Indien, traduit en français, par David Sahid d'Ispahan. *Paris, Sim. Puget*, 1644, pet. in-8, v. m.

370. Della vita civile, trattato di Matteo Palmieri. *Milano, Silvestri*, 1825, in-12, v. f., fil., tr. dor.

371. Aug. Alsteni Bloemertii singularis liber de nobilis et studiosæ juventutis institutione. *Amst., Elzev.*, 1653, pet. in-12, parch.

372. Plans et Statuts des établissements ordonnés par Catherine II pour l'éducation de la jeunesse et l'utilité générale de son empire, par Betzky, trad. du russe par M. Clerc. *Amst.*, 1775, in-4, fig., 2 tom. en 1 vol., demi-rel.

373. Decas fabularum humani generis sortem, mores, ingenium... adumbrantium, per Joa. Walchium. *Argent.*, 1609, pet. in-4, v.

Figures curieuses.

374. The Hectopades of Veeshnoosarma, in a series of connected fables interspersed with much prudential and political maxims ; translated from ar. anc. man. on the

sanskreet language with explanatory notes, by Ch.
Vilkins. *Bath*, *Crattwell*, 1787, gr. in-8, v. f. dent.

376. Hitopadesas, id est institutio salutaris. Textum codd.
mss. collatis recensuerunt, interpretationem latinam ac
annotationes criticas adjecerunt Aug. Guil. de Schlegel
et Christ. Lassen. *Bonnæ ad Rh.*, *typis Regiis*, 1829,
in-4, 2 part. en 1 vol., demi-v. violet.

376 *bis*. Cento favole bellissime, scielte da Gio. Mar. Verdi-
zotti. *Venetia*, 1661, in-8, parch. (*Mouillé.*)

    **Figures de Verdizotti.**

377. Fables d'Ésope, mises en franç., 2e édit. *Paris*, 1806,
in-12, 2 vol., v. rac. dent.

378. Esopus.... Ésope trad. en allem., par Burc. Waldis.
*Franckf.*, 1557, pet. in-8, v.

379. Jos. Desbillons Fabulæ Æsopicæ, accesserunt plus
quam CLXX novæ. *Manhemii*, 1768, in-8, fig., 2 vol.,
demi-rel. — Ejusd. Miscellanea posthuma. *Ibid.*, 1792,
in-8, demi-rel.

380. Phædri Fabulæ, cum notis varior., edente Joa. Lau-
rentio. *Amst.*, 1667, in-8, fig., vél.

    Cet exemplaire, dont les figures sont très-belles d'épreuves, en con-
    tient quelques-unes doubles qui se rencontrent rarement. La figure de
    la page 276 est intacte.

381 Phædri Fabulæ, cum notis var., curante P. Burmanno.
*Lugd. Bat.*, *Luchtmans*, 1745, in-8, vél.

382. Fables de Phèdre, trad. en franç., avec le texte en
regard. *Paris*, *Didot*, 1806, in-12, fig., 2 vol., cart.
n. r.

383. Fables de La Fontaine. *Paris*, *Bossange*, 1796, in-18,
pap. vél., fig. de Simon et Coiny, 6 vol., v. dent.,
tr. d.

384. Les mêmes, publ. avec des notes par l'abbé Guillon.
*Paris*, 1829, in-8, 2 vol., v. rac. fil.

385. Joa. Mich. von der Ketten Apelles symbolicus, exhibens seriem amplissimam symbolorum. *Amst.*, 1699,
in-8, fig., 2 vol.

    Bel exemplaire broché.

386. Emblematum repositorium, quo mille imagines sym-
bolicæ cum latinis, gallicis, italicis et germanicis lem-

A**.                           3

matibus illustratæ. *Norimbergæ*, 1728, in-4, fig., cart.
(*Mouillé.*)

387. Dictionnaire contenant la connaissance du monde, des
sciences universelles et particulièrement celle des médailles, des passions, des mœurs, des vertus et des vices,
représenté par des fig. hiéroglyphiques, expliquées en
prose et en vers. *Wesel*, 1700, in-4, 50 fig., demi-rel.

388. Horatii emblemata, imaginibus in æs incisis notisque
illustrata, ab Othone Vœnio (lat., gall., ital. et flandr.)
*Bruxellis, Foppens*, 1683, gr. in-4, 103 fig. et portrait de
Vœnius, gravé par de Larmessin, bas.

389. Le spectacle de la vie humaine, ou Leçons de la sagesse,
exprimées en 103 tableaux tirés d'Horace, par Othon
Vœnius, avec des explications, par Jean Leclerc. *La Haye*,
1755, in-4, fig., v. m.

390. Cl. Paradini symbola heroica. *Antuerpiæ*, *Plantin*,
1583. = Joa. Sambuci emblemata multa et aliquot
nummi antiqui. *Ibid.*, 1576, in-16, cart.

> Ces deux ouvrages contiennent un grand nombre de figures sur bois
> par Sal. Bernard.

391. Virtutes cardinales ethico emblemate expressæ (per
Jac. Caterum). *Antuerpiæ, Plantin*, 1645, in-4, br.

> 4 jolies gravures.

392. De rerum usu et abusu, auct. Bern. Furmero. *Antuerpiæ, Plantin*, 1575, pet. in-4, demi-rel.

> 27 figures.

393. Emblematum ethico-politicorum centuria J. G. Zinc-
grefii, editio sec., cœlo Mat. Meriani. *Francof.*, 1614,
pet. in-4, fig., cart.

394. Idea principis christiano-politici symbolis Cl expressa, a Didaco Saavedra Faxardo. *Paris.*, 1660, in-12,
fig., demi-rel.

395. Le prince chrestien et politique, trad. de D. Diègue
Savedra Faxardo, par J. Rou. *Suiv. la copie à Paris*, 1668,
pet. in-12, fig., 2 tom. en 1 vol., v.

396. Emblesmes d'amour moralisés et gravés par Albert
Flamand, peintre, avec 50 gravures. *Paris, Clouzier*, 1666,
in-8, cart.

397. Marci Zuerii emblemata. *Amst.*, *Jansson*, 1651, pet.
in-12, vél.

398. Dialogo de las empresas militares y amorosas, compuesto en leng. ital. por Paolo Jovio, y trad. en romance castellano por Alonzo de Ulloa. *Leon de Francia, Rouille,* 1561, pet. in-4, fig. sur bois, v. ant. fil. tr. dor.

399. Dialogo del' imprese militari e amorose di Mgr Giovo e di Gab. Symeoni. *Leone,* 1574, pet. in-8, bas.

400. Joa. Pierii Valeriani hieroglyphica, sive de sacris Ægyptiorum aliarumque gentium litteris, libri LVIII. *Francof.,* 1678, in-4, fig., vél. cordé.

401. Joa. Trithemii polygraphiæ libri VI. *Coloniæ, Birckman,* 1561, pet. in-8, vél.

# BELLES-LETTRES.

## I. LINGUISTIQUE.

402. Thesaurus linguæ sanctæ, auct. Gul. Robertson *Londini,* 1680, in-4, v. gr.

403. Grammaire des grammaires, par Girault-Duvivier; 4ᵉ édit. *Paris, Janet et Cotelle,* 1819, in-8, 2 vol., demi-v.

404. Regole ed osservazioni della lingua toscana di Salv. Corticelli. *Milano, Silvestri,* 1825, in-12, br.

405. A grammar of the persian language, by Meerza Mohammed Ibraheem. *London, W. H. Allen,* 1841, in-4, br. en carton.

406. The persian interpreter in three parts : A grammar of the persian language ; Persian extracts in prose and verse ; A vocabulary persian and english ; by the Rev. Edw. Moises. *Newcastle, S. Hodgson,* 1792, in-4, 3 part. en 1 vol., bas.

407. Grammatica sanskrita Othm. Frank. *Wirceburgi,* 1823, in-4, demi-v. vert.

408. Sidbarubam, seu Grammatica sanscrdamica, cui accedit dissertatio historico-critica in linguam sanscrdamicam, auctore Fr. Paulino a S. Bartholomæo. *Romæ,* 1790, in-4, demi-rel.

409. Yacarana, seu loc pletissima samscrdamicæ linguæ institutio, a P. Paulio a S. Bartholomæo, *Romæ,* 1804, in-4, demi-rel.

3.

## II. ORATEURS. — CONTES. — ROMANS. — FACÉTIES.

410. Les cinquantes séances de Hariri, publ. en arabe par Caussin de Perceval. *Paris*, 1818, in-4, br.

411. Er. Puteani Suada attica, sive Orationum selectarum syntagma. *Amst.*, *Elzev.*, 1644, pet. in-12, vél.

412. Histoire morale de l'éloquence, par Ed. Landié. *Paris*, 1814, in-8, bas.

413. Demosthenis et Æschinis opera, gr. et lat., a Wolfio illustrata. 1607, in-fol., v.

414. Demosthenis orationes, edidit Dindorfius, gr. *Lipsiæ*, 1825, pet. in-8, demi-rel.

415 Harangues tirées d'Hérodote, de Thucydide, de Xénophon, etc., par l'abbé Auger. *Paris*, 1788, in-8, 2 vol., bas.

416. Longi Pastoralia, græce, cum proloquio de libris eroticis antiquorum. *Parmæ*, *Bodoni*, 1786, gr. in-4, cart.

417. Les amours pastorales de Daphnis et Chloé, par Longus, double traduction d'Amyot et d'un anonyme. *Paris*, *impr. pour les curieux*, 1757, pet. in-4, fig. d'Audran, v. gr. fil. tr. dor.

418. Les amours de Daphnis et Chloé, traduction de 1782 (par F.-Val. Mulot, chan. de Saint-Victor). *Mithylène*, 1783, in-8, mar. r. fil. tr. dor.

   Figures du Régent, avec celle des petits pieds.

419. Les métamorphoses, ou l'Ane d'or d'Apulée, avec le Démon de Socrate, par l'abbé de Saint-Martin. *Leipzig*, 1769, pet. in-8, 2 vol., br.

420. Joa. Barclaii Argenis libri V, cum clave. *Amst.*, *Elzev.*, 1671, pet. in-12, vél.

421. Histoire de dom Belianis de Grèce, trad. nouvelle (par Cl. de Beuil). *Paris*, 1625, in-8, parch.

422. Tarsis et Zélie ; nouv. édit. *Paris*, 1774, gr. in-8, fig. et vign., 6 vol., v. éc.

423. Les exilés de la cour d'Auguste, par M^me de Villedieu. *Suiv. la copie de Paris*, *Utrecht*, *Vanzyll*, 1684, pet. in-12, veau.

424. Faramond ou l'Histoire de France (par de la Calprenède et P. d'Ortigue de Vaumorière). *Amst.*, *jouxte la copie impr. à Paris (Elzev.)*, 1664, pet. in-8, fig., 12 vol., vél.

425. Casimir, roi de Pologne. *Suiv. la cop. impr. à Paris, chez Cl. Barbin (Elzev.)*, 1680, pet. in-12, 2 t. en 1 vol., vél.

426. Les militaires au delà du Gange, par M. de Lo Looz. *Paris*, 1778, in-8, fig. de Ch. Eisen, 2 vol., v. m.

427. Les amours de Psyché et de Cupidon, par J. de La Fontaine. *Paris, Didot J.*, 1791, gr. in-4, fig. en coul., v. m.

428. Aventures de Télémaque, avec les figures gravées d'après les dessins de Ch. Monnet, par J.-B. Tilliard. *Paris*, 1785, gr. in-4, 2 vol., mar. r. tr. dor.

> On a joint les figures au lavis de Parisot. — Voir aux Beaux-Arts, 2ᵉ série de ce Catalogue.

429. Les mêmes. *Paris, Lequien*, 1820, in-8, fig., 2 vol., v. vert, fil. tr. dor.

430. Telemaco in ottava rima, da Flam. Scarselli. *Venezia*, 1748, in-8, 2 part. en 1 vol., v. f. tr. dor.

431. Le voyage du Vallon Tranquille, nouvelle historique, par F. Charpentier ; nouv. édit. *Paris*, 1796, in-18, gr. pap. vél., demi-m. r. n. r.

432. Histoire de don Quichotte et nouvelles de M. de Cervantes (trad. par Filleau de Saint-Martin). *Amst., Arkstée*, 1768, in-12, fig. de Folkéma, 8 vol., v. éc.

433. La seconda cena di Antonfrancesco Grazzini detto il Lasca. *Firenze*, 1743, pet. in-8, demi-m. vert, n. r.

434. Mort d'Abel, poëme de Gessner, trad. par Hubert. *Paris, Defer de Maisonneuve*, 1793, gr. in-4, fig. col., v. f. fil. tr. dor.

435. T. Petronii Arbitri Satyricon, cum notis variorum. *Amst., Blaeu*, 1669, in-8, v. éc. fil.

436. Satire de Pétrone, trad. nouvelle (par Durand). *Paris*, 1808, in-8, 2 vol., demi-rel.

437. Joa. Barclaii Satyricon, cum notis et clave. *Lugd. Bat.*, 1674, in-8, vél.

438. Facetiæ facetiarum, hoc est joco-seriorum fasciculus. *Fancof. ad M.*, 1615, in-12, demi-rel.

439. Dissertationum ludicrarum et amœnitatum scriptores varii. *Lugd. Bat., Hackius (Elzev.)*, 1638, pet. in-12, vél. — Democritus ridens, sive Campus recreationum honestarum, cum exercitatione melancholiæ. *Coloniæ*, 1649, pet. in-12, vél.

440. Speculum vitæ aulicæ de admirabili fallacia et astutia Vulpeculæ Beinikes lib. IV, auct. Hartm. Schoppero. *Francof.*, 1579, pet. in-12, fig., cart.

441. Theses nec non disputatio ex universa Vinosophia Dom. Biberii. 1750, pet. in-8, br. — Pasquini et Marphorii curiosæ interlocutiones super præsentem orbis christiani statum, lat., gall. ac belg. 1684, pet. in-12, v.

442. Plaidoyers d'un perroquet, d'un chat et d'un chien, suivi du jugement ; avec des notes, etc. *Paris*, 1803, in-18, v. ant. fil. tr. dor.

443. Erasto doppo molti secoli ritornato al fine in luce et con somma diligenza dal greco fedelmente tradotto in italiano. *Vinegia, Bindoni*, 1550, pet. in-8, n. rel.

> Édition rarissime.

444. Il convito di Gio Bat. Modio, ovvero del peso della moglie dove ragionando si conchiude che non può la donna dishonesta far vergogna all' uomo. *Roma, Fratelli Dorici*, 1554, pet. in-8, vél.

445. Quattro libri de dubbi con le solutioni a ciascun dubbio accomodate. *Vinegia, Giolito*, 1552, pet. in-8, demi-rel.

> Ouvrage rare et curieux. On sait que le 4e livre n'a point paru.

446. I Marmi del Doni. *Vinegia, Marcolini*, 1552-53, in-4, bas.

> Très-bel exemplaire.

447. L'Éloge de la folie,, par Érasme, trad. par Gueudeville. *Amst., L'Honoré*, 1731, pet. in-8, fig. de Holbein, v.

448. Éloge de la folie, trad. du lat. d'Érasme, par de la Veaux, avec les fig. de J. Holbein, *Basle*, 1780, in-8, br.

449. L'Éloge de la folie, par Érasme, trad. nouv. par C. B. de Panalbe. *Anvers*, 1827, in-8, demi-rel.

450. Éloge de la roture, dédié aux roturiers. *Paris*, 1766, in-12, br.

451. Essai historique, littéraire et galant, etc., sur les lanternes, par une Société de gens de lettres (Dreux du Radier). *Dole, Lucnophile*. 1755, in-12, br.

## III. POÉSIE.

452. J. Gottfried von Herder von Geist der ebraischen Poesie. *Leipzig*, 1825, in-8, 2 vol., br.

453. Callimaco greco-italiano, pubblicato da P. M. Pagnini.
*Parma, Bodoni*, 1792, in-4, demi-rel. n. r. — La Batra-
comiomachia d'Omero, volgarizzamento di Ant. Pazzi.
*Firenze*, 1820, in-8, demi-rel., n. r.

454. Le Odi di Anacreonte e di Saffo, recate in versi ita-
liani da F. S. de Rogati (col testo). *Colle*, 1782-3, in-8,
2 vol., demi-rel.

455. Odi d'Anacreonte, trad. da P. Rolli. *Londra*, 1739.
= La Buccolica di Virgilio, trad. da P. Rolli. *Londra*,
1742, pet. in-4, demi-rel. — Di Tito Lucrezio Caro della
natura delle cose libri VI tradotti da Aless. Marchetti.
1ª ediz. *Londra*, *Pickard*, 1717, in-8, v.

456. Virgilii Bucolica, Georgica et Æneidos lib. XII.
*Paris.*, *Parvus*, 1541, in-4, mar. r. fil. tr. dor.

457. Eneide di Virgilio, trad. da Annibal Caro con cenni
sulla vita dell' autore e del traduttore. *Milano, Silvestri*,
1824, in-12, br. — La Poetica di Orazio, trad. in terzine
(da Ant. Petrini). *Roma*, 1777, in-8, demi-rel.—Thomæ
Valpergæ latina carmina, cum specimine græcorum. *Aug.
Taur.*, 1807, pet. in-8, v. ant.

458. Les Métamorphoses d'Ovide, en lat. et en franç., trad.
par Banier (avec les figures de Lemire). *Paris*, 1767,
in-4, 4 vol., v. tr. dor. (*Incomplet de quelques figures.*)

459. Les mêmes, trad. par J.-G. Dubois-Fontanelle, avec
le texte latin; on y a joint un dictionnaire mythologique,
par F.-G. Desfontaines. *Paris*, *Duprat*, 1802, gr. in-8,
fig., 4 vol., br. en cart.

460. Nic. Heinsii poemata, accedunt Joa. Rutgersii quæ
quidem collegi potuerunt. *Lugd. Bat.*, *Elzev.*, 1653, pet.
in-12, vél. — Joa. Claii explicationum anniversariorum
evangeliorum lib. IV. *Vitebergæ*, 1601, pet. in-8, 2 tom.
en 1 vol., v. — Ad. Vander Burchii piorum hexastichon
centuriæ quatuor, in quibus lacrymæ et gaudia. *Lugd.
Bat.*, *Plantin*, 1603, in-8, vél.

461. La danse aux aveugles et autres poésies du XVᵉ siècle,
extraits de la bibliothèque des ducs de Bourgogne, par

P. Michault, publ. par Lamb. Doux fils. *Lille*, *Panc-koucke*, 1748, pet. in-8, br.

462. Œuvres poissardes de J.-J. Vadé, suivies de celles de L'Écluse. *Paris, Didot J.*, an IV, gr. in-4, fig. en coul., demi-mar. tr. dor.

463. Introduzione alla volgar poesia di G.-B. Bisso. *Venezia*, 1808, in-8, bas. — La Gerusalemme liberata di Torq. Tasso. *Milano, Silvestri*, 1824, in-12, br.

464. La divina Commedia di Dante Alighieri. *Livorno Masi*, 1813, in-8, 4 vol., br.

> Exemplaire en grand papier. Portrait du Dante par Morghen.

465. Le Rime di Fr. Petrarca (per cura dei fratelli Volpi). *Padova, Comino*, 1722, in-8, vél.

> Édition adoptée par la Crusca.

466. Orlando furioso di Lod. Ariosto. *Lione, Barth. Hono-rati*, 1556, in-4, fig. en bois, v. fil.

> Édition adoptée par la Crusca. Rare.

467. L'Orlando furioso, rime e le satire di Lod. Ariosto. *Firenze, Ciardetti*, 1823 in-8, 8 vol., gr. pap. vél. demi-rel., n. r.

> Exemplaire de Dédicace.

468. Rime di diversi antichi autori Toscani. *Vinegia, fra-telli di Sabio*, 1532, in-8, demi-m. r.

469. 1 due primi giorni del mondo creato, di Torquato Tasso. *Venezia, Ciotti*, 1600, in-4, demi-m. r.

470. Poesie spirituali di Scip. Ammirato sopra i salmi e alcuni cantici. *Firenze*, 1649, in-4, gr. pap. demi-rel.

471. De le lagrime d'Angelica di Piet. Aretino due primi canti. 1543, pet. in-8, v. — Arcadia di Giac. Sannazaro. *Vinegia, Giolito*, 1562, in-8, vél.

472. Riso de Democrito et pianto Heraclito, compositi per Ant. Fregoso. *Milano, Zaneto da Castione*, 1515, pet. in-4, v. f. (*Rare.*)

473. La humanita del figliuolo di Dio, per Theoph. Fo-lengo. *Vinegia, Aur. Pincio*, 1533, in-4, v. (*Rare.*)

474. Le Vergini prudenti, Il pensier della morte e il Do-roteo, di Ben. dell' Uva. *Firenze*, 1587, in-4, demi-rel.

475. Il Rosario della madonna, poema eroico di Napoleone Ghelfucci. *Venezia, Polo*, 1610, in-4, demi-rel.

476. Canzoni di G. Chiabrera sopra le galere della religione di S. Stefano. *Firenze*, 1619, in-4, vél. n. r.

    Édition originale.

477. Canzonette anacreontiche di Lindoro Elateo (Lor. Magalotti). *Firenze*, 1723, in-8, demi-rel. n. r. — Le Meteore, versi di Gabr. Chiabrera. *Firenze*, 1619, in-4, br.

478. Delle meteore libri tre, poema filosofico di G. L. Stecchi. *Firenze*, 1726, in-4, v. tr. dor.

479. Ritratti poetici, storici e critici di varj moderni uomini di lettere, di Appeo Anneo de Faba Cromaziano (Appiano Buonafide). *Napoli*, 1775, in-8, br. en carton. — Rime di Pelleg. Salandri, *Nizza*, 1783, in-12, demi-rel. — Poesie di Tom. Gargallo. *Pisa*, 1824, in-16, demi-rel.

## IV. THÉATRE. — CRITIQUE. — MÉLANGES.

480. Œuvres complètes de Regnard, avec des avertissements et des remarques sur chaque pièce par M. G*** (Garnier). *Paris, Impr. de Monsieur*, 1790, in-8, fig., 6 v., demi-rel.

481. L'Ami des loix, comédie en cinq actes et en vers, par le cit. Laya. *Paris, Barba*, an III, in-8, gr. pap. vél., cart.

482. Il Pastor fido, di Bat. Guarini. *Amst., D. Elzev.*, 1678, in-24, fig. de Seb. Leclerc, v.

483. Aminta di Torq. Tasso. *Crisopoli, Bodoni*, 1789, gr. in-4, demi-v. n. rog.

484. Il medesimo, v. tr. dor.

485. La Vedova, commedia facetissima di Niccolò Buonaparte, cittadino Fiorentino. *Parigi, Molini*, 1803, in-8, cart.

486. Canace, tragedia di Sperone Speroni alla quale sono aggiunte altre sue compositioni e una apologia. *Venezia, Alberti*, 1597, in-4, vél.

    C'est dans cette édition que l'on trouve, pour la première fois, le *Prologo a Venere*.

487. Giuditio sopra la tragedia di Canace e Macareo con molte utili considerationi circa l'arte tragica e di altri

poemi, con la tragedia appresso. *Lucca, Busdrago*, 1550, pet. in-8, vél.

Exemplaire précieux , annoté par François Verini , surnommé Il secundo Verino.

488. La comedia del Contile chiamata la Pescara. *Milano, Franc. Marchesino*, septembre 1550. = Comedia del Contile chiamata la Cesarea Gonzaga, *Ivi*, octobre 1550. = Comedia del Contile chiamata la Trinozzia , *Ivi* , novembre 1550 ; in-4, demi-rel.

Belle édition de trois pièces estimées. V. Gamba.

489. Mélanges de critique et de philologie, par S. Chardon de la Rochette, *Paris*, 1812, in-8, 3 vol., br.

490. Raccolta di composizioni sopra alcune controversie letterarie insorte nella Toscana (di Gio. Lami). *S. l.*, 1761, in-8, 2 vol., demi-rel. n. r.

491. Translations from the chinese and armenian, with notes and illustrations by Ch. Fried. Neumann. *London, printed for the oriental translation fund* , 1831, gr. in-8, pap. vél.

# HISTOIRE LITTÉRAIRE. — IMPRIMERIE. — BIBLIOGRAPHIE.

492. Atlas historique et chronologique des littératures anciennes et modernes, des sciences et des beaux-arts, par Jarry de Mancy. *Paris, Renouard*, 1831, in-fol., br.

493. Histoire de la littérature ancienne et moderne, par Schlegel, trad. de l'allem., par W. Duckett. *Paris*, 1829, in-8, 2 vol., bas.

494. Histoire abrégée de la littérature grecque, par Schœll. *Paris*, 1813, in-8, 2 tom. en 1 vol., v. dent.

495. Examen critique des plus célèbres écrivains de la Grèce, par Denys d'Halicarnasse, trad., texte en regard, par E. Gros. *Paris*, 1826, in-8, 3 vol., br.

496. Études morales et historiques sur la littérature romaine, depuis son origine, par Charpentier (de St-Prest.). *Paris*, 1829, in-8, bas. — Essai sur l'histoire littéraire du moyen âge, par le même. *Paris*, 1833, in-8, bas.

497. Recherches sur les sources antiques de la littérature française, par Berger de Xivrey. *Paris*, 1829, in-8, bas.

— Tableau littéraire du XVIII⁵ siècle , par Victorin Fabre. *Paris*, 1810, in-8, br.

498. Tableau historique de la littérature française aux XV⁵ et XVI⁵ siècles, par Charpentier (de St-Prest). *Paris*, 1835, in-8, bas. — Tableau de la littérature française au XVI⁵ siècle, par MM. Saint-Marc Girardin et Ph. Chasles. *Paris*, 1829, in-8, bas. — Tableau de la littérature française au XVIII⁵ siècle, par de Barante. *Paris*, 1832, in-8, br.

499. Tableau de la littérature française au XVIII⁵ siècle, par Villemain. *Paris*, 1838, in-8, 2 vol., br.

500. La France littéraire (par l'abbé Delaporte). *Paris*, 1769-84, pet. in-8, 4 vol., br.

501. Le Journal des Savans, par de Hédouville. *Cologne*, *P. Michel (Elzev.)*, 1666, pet. in-12, vél.

502. Histoire de la littérature d'Italie, tirée de Tiraboschi et abrégée par Ant. Landi. *Berne*, 1784, in-8, 5 vol., br.

503. Litteratura turchesca dell' ab. Giamb. Toderini. *Venezia*, 1787, in-8, fig., 3 vol., demi-rel.

504. Alphabetum tironianum , auct. Carpentier. *Lut.*, 1747, gr. in-fol., br.

505. Jac. Morellii bibliotheca manuscripta græca et latina ; tomus primus. *Bassani*, 1802, in-4, br.

506. Verzeichniss... Catalogue des livres manuscrits chinois et mantchous, de la Biblioth. roy. de Berlin, par J. Klaproth. *Paris*, 1822, in-fol., br.

507. Manuel typographique, par Fournier le Jeune. *Paris*, *Barbou*, 1764-66, pet. in-8, fig., 2 vol., br.

508. Caractères de l'imprimerie de Fournier le Jeune. *Paris*, 1764, pet. in-8, demi-rel.

509. Ger. Meerman origines typographicæ. *Hagæ-Com.*, 1765, in-4, fig., 2 tom. en 1 vol., v. f., dent.

510. Annales typographici, ab artis inventæ origine ad ann. 1664, opera Mich. Maittaire. *Amst.*, 1733-35, in-4, fig., 6 tom. en 3 vol., v. f.

   Bel exemplaire.

511. Annales de l'imprimerie des Alde, ou Histoire des trois Manuce et de leurs éditions, par M. Renouard. *Paris*, *l'auteur*, 1825, in-8, fig., 3 vol., br.

512. Éclaircissemens historiques et critiques sur l'inven-

tion des cartes à jouer, par l'abbé Bivè. *Paris*, 1780, in-12, br.

513. Nouvelle bibliothèque d'un homme de goût, ou Tableau de la littérature ancienne et moderne, par l'abbé D. L. P. (De la Porte). *Paris*, 1798-99, in-8, 4 vol., br. en cart.

514. Joa. Vogt Catalogus historico-criticus librorum rariorum. *Hamburgi*, 1753, in-8, cart. — Dictionnaire typographique, historique et critique des livres rares, par Osmont. *Paris, Lacombe*, 1768, in-8, 2 vol., v.

515. Bibliothèque curieuse, historique et critique, ou Catalogue raisonné de livres difficiles à trouver, par D. Clément. *Gœttingue*, 1750-53, in-4, tom. 1 à 4, cart.

516. Dictionnaire bibliographique choisi du XVe siècle, par de la Serna Santander. *Bruxelles*, 1805-07, in-8, 3 vol., demi-rel.

517. Bibliographie instructive ou traité de la connaissance des livres rares et curieux, par G. F. De Bure. *Paris*, 1763-68, in-8, 7 vol., v. f., fil.

    Avec quelques corrections manuscrites.

518. Catalogue des livres imprimés en Hollande, de 1472 à 1500, par Jac. Visser. *Amst.*, 1767, in-4, demi-rel. (*En holland.*)

519. Dictionnaire des livres opposés à la morale des jésuites (par les PP. Colonia et Patouillet). *Bruxelles*, 1761, in-12, 4 vol., br.

520. Catalogue des ouvrages de M. Fourmont l'aîné. *Amst.*, 1731, in-12, vél.

521. Bibliotheca Wittiana. *Dordraci*, 1701. — Marckiana. *Hagæ-Com.*, 1712. — Sarrasiana, 1715. — Petaviana et Mansartiana. 1722. — Van der Aa. 1729. — Neuwertiana. 1734. — Menarsiana, ou Catalogue de J. J. Charron, marq. de Menars. *La Haye*, 1720, pet. in-8, 7 vol., v.

    La plupart de ces catalogues sont avec prix.

522. Bibliotheca Du Boisiana ou catalogue de la bibliothèque du card. Du Bois, par l'abbé Bignon. *La Haye*, 1725, pet. in-8, 4 vol., v. (*Prix*).

523. Catalogus librorum bibliopolii P. Foppens. *Bruxellis*,

1752, in-4, br. — Catalogue... de J. Néaulme. *La Haye*, 1765, in-8, 6 tom. en 2 vol., v. (*Prix*).

524. Catalogues des bibliothèques des collèges des ci-devant jésuites, dont les ventes ont eu lieu à Gand, Bruges, Mons, Tournay, Courtray, Bruxelles, Malines, Maestricht et Ruremonde, de 1743 à 1778; plus, un catalogue des livres choisis dans les différentes bibliothèques, vendus en 1780 à Bruxelles, in-8, 9 vol. (*Avec prix*).

525. Catalogues de diverses bibliothèques étrangères, dont: Lud. Bosch, 1768.—Emmens de Bruxelles, 1778, 2 vol., — Metternich, 1771, 2 vol. — Nothen, 1749, etc. — Nahuys. 1799. — Burmann, 1800. — Sandifort, 1816. — De Bors, 1822, in-8, 10 vol. (*Quelques-uns avec prix.*)

526. Bibliotheca Roveriana, 1806, 2 vol. — Lauwersiana, 1829. — Hullmanniana. 1829. — Catal. de M. de Servais, de Serna Santander, 1816. — De Mᵐᵉ d'Outhremont, 1830.— De la comtesse d'Yves, etc., in-8, 7 vol.

527. Catalogue de la bibliothèque d'un amateur (belge). *Bruxelles*, 1823, in-8, 2 vol., br. (*Prix*).

528. Bibliotheca Meermaniana, sive Catalogus librorum et codicum manuscriptorum quos dereliquit D. Joa. Meerman. *Hagæ-Com.*, 1824, in-8, 1 tome en 2 vol., demi-rel.

Avec des notes manuscrites intéressantes, par le baron Roimers, et les prix argent des Pays-Bas.

# SCIENCES SOCIALES.

## POLITIQUE. — ÉCONOMIE POLITIQUE.

529. Politique tirée des propres paroles de l'Écriture sainte, par Bossuet. *Bruxelles*, 1721, pet. in-8, 2 vol., br.

530. Arn. Clapmarius, de arcanis rerum publicarum, illustratus à Joa. Corvino. *Amst.*, *Elzev.*, 1644, pet. in-12, v. — Politica in genuinam methodum quæ est Aristotelis, reducta et explicata ab Hen. Arnisæo. *Amst. L. Elzev.*, 1651, pet. in-12, vél.

531. Gli otto libri della Republica che chiamono politica di Aristotile, tradotti per Ant. Brucioli. *Venetia*, 1547, pet. in-8, bas.

532. Traj. Boccalini lapis lydius politicus. *Amst.*, *Elzev.*, 1640, pet. in-12, parch.

533. La république de Platon, ou du juste et de l'injuste, trad. par M. de la Pillonnière. *Imprimé à Londres, aux frais et sous les yeux du traducteur*, 1726, gr. in-4, bas.

534. Entretiens de Phocion sous le rapport de la morale avec la politique, par Mably. *Paris*, an III, gr. in-4, fig., demi-rel.

535. Intérêts et maximes des princes et des états souverains ( par Henri, duc de Rohan). *Cologne, J. Du Pais* (Holl., *Elzev.*), 1666, pet. in-12, 2 part. en 1 vol., vél.

536. Considérations politiques sur les coups d'estat, par Gab. Naudé. *Sur la copie de Rome (Elzev.)*, 1679, pet. in-12, v.

537. Des affaires d'estat, par le prés. de Lalouete. *Paris*, 1597, in-8, parch., tr. dor.

538. Bartholomæi de Las-Casas erudita et elegans explicatio questionis : Utrum reges vel principes, jure aliquo vel titulo, et salva conscientia, cives et subditos a regia corona alienare, et alterius Domini particularis ditioni subjicere possint?.... curante Jac. Kyllingero. *Tubingæ*, 1625, pet. in-4, mar. vert., fil., tr. dor.

Exemplaire de Girardot de Préfond.

539. Car. Paschalii legatus. *Amst., L. Elzev.*, 1645, pet. in-12, vél.

540. Traité de la cour, ou Instruction des courtisans, par M. du Refuge. *Amst., Elzev.*, 1649, pet. in-12, vél.

541. Le même. *Amst., Elzev.*, 1656, pet. in-12, parch.

542. Il libro del cortigiano di Bald. Castiglione. *Firenze, Giunti*, 1528, in-8, demi-rel.

543. Recueil de pièces, édits, déclarations en hollandais, sur les monnaies, publ. dans le XVIIIe siècle. Pet. in-8, cart.

Grand nombre de figures parfaitement gravées.

544. Déclaration du roy, et nouveau reglement sur le faict des monnoyes tant de France qu'estrangeres. *Paris*, 1638, petit in-8, demi-rel. ( *Titre raccommodé.*)

## II. JURISPRUDENCE.

545. Joa. Seldeni de jure naturali et gentium juxta disciplinam Ebræorum libri VII. *Lipsiæ*, 1695, in-4, vél.

546. Joa. Seldeni uxor hebraica, seu de nuptis et divortiis. *Francof.*, 1695 , in-4 , cart.

547. Joa. Seldeni de synedriis et præfecturis juridicis vet. Hebræorum libri III. *Francof.*, 1694 , in-4 , demi-rel.

548. Seldeni de successionibus ad leges Ebræorum in bona defunctorum liber. *Lugd.-Bat.*, 1638 , pet. in-12 , vél.

549. Hug. Grotii de jure belli ac pacis libri tres. *Amst.*, *Blaeu*, 1670 , in-8 , v.

550. Le droit de la guerre et de la paix , par Grotius , trad. par Barbeyrac. *Amst.*, 1724 , in-4 , 2 tom. en 1 vol., v.

551. Précis du droit des gens , de la guerre, de la paix et des ambassades, avec l'abrégé des principaux traités ; par le vicomte de la Maillardière. *Paris*, 1775-78 , in-12, 3 vol., fil., tr. dor. (*Armoiries.*)

552. Traité de la guerre, ou Politique militaire ; par M. P. H. S. D. C. (Paul Hay, seign. du Chastelet.) *Amst.*, *Wolfganck (Elzev.), s. d.* , pet. in-12 , v.

553. Joa. Corvini elementa juris civilis et partitiones juris utriusque. *Amst.*, *L. Elzev.*, 1645 , pet. in-12 , vél.

554. Commentaire sur la loi des douze tables, par le citoyen Bouchaud ; 2ᵉ édit. *Paris, Impr. de la Rép.*, 1803 , in-4 , 2 vol., br.

555. Corpus juris civilis. *Amst.*, *Elzev.*, 1664 , in-8, 2 v., vél. (*Mouillé.*)

556. Corpus juris civilis , ed. stereot., cura J. L. G. Beck. *Lipsiæ*, 1829 , in-4 , 3 vol., cart.

557. Joa. Voet commentarius ad Pandectas. *Col. - Agr.*, 1778 , in-fol., 2 vol., br.

558. Tribonianus , sive Errores triboniani de pœna parricidii, auct. J. F. Ramos. *Lugd. Bat.*, 1728 , in-4 , jol. fig., vél.

559. Ant. Perezii prælectiones in XII libros codicis Justiniani. *Amst.*, *Elzev.*, 1671 , in-4 , 2 tom. en 1 vol., vél.

560. J. Gott. Heineicii antiquitatum romanarum jurisprudentiam illustrantium syntagma, edidit C. G. Haubold. *Francof., ad M., Brœnner*, 1822, in-8, v. f. ant. orn. et plats à fr. (*Thouvenin.*)

561. Ant. Matthæi de judiciis disputationes XVII. *Amst.*, 1665 , pet. in-12 , v.

562. Ant. Merendæ controversiarum juris lib. XXIV. *Bruxellis*, 1745 , in-fol., 5 vol., br.

563. Le nouveau Furgole, ou Traité des testaments, et des donations entre-vifs, par Desquiron. *Paris*, 1810, in-4, 2 vol., br.

564. Traité des assurances et des contrats à la grosse d'Émérigon, publ. par P.-S. Boulay-Paty. *Rennes*, 1827, in-4, 2 vol., br.

## III. HISTOIRE.

### *A.* GÉOGRAPHIE. — VOYAGES.

565. Géographie des Grecs analysée, par Gosselin. *Paris*, 1790, in-4, v. rac.

566. Précis de la Géographie universelle, par Malte-Brun; 2ᵉ édit. corrigée. *Paris*, 1812-29, in-8, 8 vol., bas. fil. et atlas de 75 cartes, in-4, demi-rel.

567. Jac. Tollii Epistolæ itinerariæ, figuris adornatæ cura et studio H. C. Henninii. *Amst.*, 1714, gr. in-4, br.

568. Voyages and travels to India, Ceylan, the Red Sea, Abyssinin and Egypt, by George Viscount Valentia. *London*, 1609, gr. in-4, fig., pap. vél., 3 vol., v. gauf. dent.

    Bel exemplaire.

### *B.* CHRONOLOGIE. — HISTOIRE UNIVERSELLE. — MOEURS ET USAGES.

569. Atlas historique, général, chronol.; de Lesage. In-fol. (32 cartes), demi-rel.

570. Les Fastes universels, par Buret de Longchamps. *Paris*, 1822, in-fol. oblong, demi-rel.

571. L'Art de vérifier les dates, depuis 1770 jusqu'à nos jours, par le chev. de Courcelles. *Paris*, 1824, in-fol., 3 vol., en livr.

572. Eusebii Pamphili chronicorum canonum lib. II, gr. et lat., Aug. Maius et Joh. Zohrabus ediderunt. *Mediolani*, 1818, in-4, br.

573. Chronicon paschale, cura du Fresne du Cange. *Paris*, 1688, gr. in-fol., v.

574. Chronicarum liber (per Hartm. Schedel). *Norimb.*, A. *Koberger*, 1494, gr. in-fol., v. (*Complet.*)

    Ouvrage connu sous le nom de la Chronique de Nuremberg, et orné d'environ 2,000 figures sur bois, gravées par Mich. Wolgemut.

575. Joa. Aventini Chronica (germanice). *Francof.*, 1566, in-fol., fig. sur bois.

576. Mart. Poloni, archiep. Consentini, chronicon. *Antw.*, *Plantin*, 1571, in-8, vél.

577. J. J. Leenaerts, presbyteri, Annalia ab orbe condito ad Darium Histaspis filium. *Amst.*, 1746, in-4, br.

578. Justinus, cum not. varior. *Amst.*, *Elzev.*, 1669, in-8, v.

579. Justinus, cum not. varior., curante Gronovio. *Lugd. Bat.*, *Lutchmans*, 1760, in-8, vél.

580. Histoire universelle, trad. de l'angl., par une Société de gens de lettres. *Amst.*, 1747-1802, in-4, 46 vol., avec la table, v. m., fil. tr. dor.

581. Histoire universelle, avec la vie des hommes et des femmes célèbres, par G. Suiker et Is. Verburg. *Amst.*, *Wetstein*, 1728, in-fol., 10 tom. en 5 vol., demi-rel., n. rog. (*En hollandais.*)

Ouvrage orné de plusieurs centaines de belles figures.

582. Précis de l'histoire universelle, par Anquetil. *Paris*, *Janet et Cotelle*, 1818, in-8, 8 vol., br.

583. Essai sur les grands événements par les petites causes, par A. Richer. *Genève*, 1758, in-12, demi-rel.

584. Mœurs et coutumes des peuples, ou Collection de tableaux représentant les usages remarquables, les mariages, funérailles, etc., des diverses nations du monde. *Paris*, 1814, in-4, fig. col., 2 vol., br.

585. Dissertation sur les festins des anciens Grecs et Romains, et sur les cérémonies qui s'y pratiquaient. *La Haye*, 1715, pet. in-8, v. br.

586. De veteri ritu nuptiarum et jure connubiorum tractatus, Barn. Brissonio auct. *Lugd. Bat.*, *Fr. Hackius*, 1641, pet. in-12, vél.

587. Cérémonies nuptiales de toutes les nations, par le sieur de Gaya. *Paris*, 1680, pet. in-8, v. br.

588. Funerali antichi di diversi popoli et nationi descritti da Th. Porcacchi. *Venetia*, 1574, in-4, cart.

Avec 23 figures gravées par Ger. Porro.

589. Pompe funebri di tutte le nationi del mondo, raccolte dal dott. Fr. Perucci. *Verona*, 1639, pet. in-fol., fig., demi-rel.

A**                                                                      4

590. I riti funebri di Roma pagana, descritti da Fr. Eug. Guasco.. *Lucca*, 1758, in-4, fig., parch.

591. Histoire des inaugurations des rois, empereurs et autres souverains de l'univers, depuis leur origine jusqu'à présent (par Bevy). *Paris*, 1776, in-8, 2 vol. dont 1 cont. 14 fig., cart.

592. De l'usage des statues chez les anciens, essai historique (par l'abbé de Guasco). *Bruxelles*, 1768, in-4, 12 planch., bas.

593. Recherches sur l'époque de l'équitation et de l'usage des chars équestres chez les anciens, par Gab. Fabricy. *Marseille*, 1764, in-8, 2 vol., demi-rel.

594. Jac. Lydii Syntagma sacrum de rei militari nec non de jurejurando dissertatio philologica, notis illustravit Sal. van Til. *Dordraci*, 1698, gr. in-4, fig., vél.

595. Histoire du calendrier romain, par Blondel. *Paris*, 1699, in-4, vél.

596. Xenium Januarium, sive Dissertatio historico-poetica de Januarii et Strenarum origine, annisque antiquorum, scripta a Chr. Chamberlino. *Bruxellis*, 1631, pet. in-4, cart.

### D. ARCHÉOLOGIE.

597. L'antiquité expliquée et représentée en figures, par D. Bern. de Montfaucon. *Paris*, 1719, in-fol., fig., 5 tom. en 10 vol., v. br.

598. Muséum de Florence, ou Collection de pierres gravées, statues, médailles et peintures, grav. par David, avec des explications, par Mulot et Sylv. Maréchal. *Paris, David*, 1787-1803, in-4, fig. au bistre, 8 vol., vél. gr. tr. dor.

599. Museum etruscum, illustratum observation. Ant. Fr. Gorii. *Florentiæ*, 1737, in-fol., fig., 2 vol., v.

600. Monumenta etrusca musei Guarnaccii, observat. Ant. Fr. Gorii illustrata. *Florentiæ*, 1744, in-fol., fig., v.

601. Saggi di dissertationi accademiche publicamente lette nella nobile accademia etrusca dell' antichissima citta di Cortona. *Roma*, 1735-41, in-4, fig., 3 v., v. f.

602. Sam. Pitisci lexicon antiquitatum romanarum. *Leovardiæ, Halma*, 1713, in-fol., 2 vol., vél. cordé.
  Avec le beau portrait du prince Eugène, par de Merian.

603. H. de Sallengre novus thesaurus antiquitatum romanarum. *Hagæ-Com.*, 1716, in-fol, fig., 3 vol., v. br.

604. Joa. Rosini antiquitates romanæ, cum not. Th. Demp-
teri, *Traj. ad Rh.*, 1701, in-4, fig., vél.

605. Vetera monumenta quæ in Hortis Cælimontanis et in
Ædibus Matthæorum adservantur, collecta et adnotatio-
nibus illustrata a Rod. Venuti. *Romæ*, 1779, in-fol., fig.,
- 3 vol., cart.

606. Monumenti antichi inediti ovvero notizie sulle anti-
chita' e belle arti di Roma per l'an. 1784-88, da Cuat-
tani. *Roma*, 1784-88, in-4, fig., 5 part. en 1 vol.,
demi-rel.

607. Henr. Kippingii antiquitatum romanarum libri IV,
*Lugd. Bat.*, 1713, in-8, fig., v. br.

608. Ant. Franc. Gorii monumentum, sive Columbarium
libertorum et servorum Liviæ Augustæ et Cæsarum Romæ
detectum in via Appia a. 1726. *Florentiæ*, 1727, in-fol.,
20 pl., v. f.

609. Accurata, e succinta descrizione topografica delle an-
tichità di Roma (antica e moderna) dell' abb. Rid. Ve-
- nuti. *Roma*, 1763, in-4, fig., 4 vol., demi-rel. n. rog.

610. Joa. Ciampini vetera monumenta in quibus præcipue
musiva opera sacrarum profanarumque ædium structura
ac nonnulli ritus dissertationibus illustrantur. *Romæ*,
1690-99, in-fol., 132 fig., cart., 2 vol., non rogués. —
Ejusdem synopsis historica de sacris ædificiis Constantino
Magno constructis. *Romæ*, 1693, in-fol., fig., cart., non
rog.

611. Description d'une mosaïque antique représentant des
scènes de tragédies, par Millin. *Paris*, 1829, in-fol., fig.
color. (28), cart.

612. Lazari Bayfii annotationes in lib. II de captivis, in
quibus tractatur de re navali; Ejusdem annotationes in
tractatum de auro et argento leg. quibus vestimentorum
et vasculorum genera explicantur. Ant. Thylesii de coloribus libellus, a coloribus vestium non alienus. *Lutetiæ*,
R. *Stephanus*, 1549, in-4, parch.

     Jolies gravures sur bois.

613. Gemmæ antiquæ.... Pierre antiques gravées, sur lesquelles les graveurs ont mis leurs noms, dessinées et gra-

4.

vées par B. Picart, expliquées par Ph. de Stosh, trad.
par de Limiers, latin et français. *Amst.*, 1724, in-fol.,
70 belles planches demi-rel., n. rog.

614. Signa antiqua, e museo Jacobi de Wilde, veterum
poetarum carminibus illustrata et per Mariam filiam ejus
æri inscripta. *Amst., Sumpt. Auct.*, 1700, in-4, 63 pl.,
vélin.

615. Gemmæ selectæ antiquæ e museo Jacobi de Wilde,
sive 50 tabulæ.... carminibus illustratæ. *Amst., Sumpt.
Auct.* 1803, in-4, 52 fig., br.

> Cet ouvrage contient 52 figures, y compris le frontispice et le portrait
> de de Wilde; elles sont de Had. Schoonbeck, et représentent 188 sujets.

616. Idem opus, in-4, vél.

617. Gemmæ et sculpturæ antiquæ depictæ a Leone Augu-
stino, addita carmine enarratione in latinum versa ab Jac.
Gronovio; ed. sec. *Franequeræ*, 1694, in-4, 270 fig.,
2 part. en 1 vol., bas.

618. Gemmarum affabre sculptarum thesaurus, quem....
collegit Jo. Mart. ab Ebermayer, digessit et recensuit Jo.
Jac. Baierus. *Norimb.*, 1720, in-fol., fig. (30). = Capita
deorum et illustrium hominum.... quas collegit J. M.
ab Ebermayer, illustravit Erh. Reusch. *Francof.*, 1721,
in-fol., fig. (17 représ. 450 pierres précieuses), demi-rel.

619. Descriptio brevis gemmarum quæ in museo baronis
de Crassier asservantur. *Leodii, Kints*, 1740, in-4, fig.,
br. r.

> Ouvrage précieux et devenu rare.

620. Collection des pierres antiques, dont la châsse des
trois rois mages est enrichie à Cologne, gravées après leurs
empreintes, avec un discours historique analogue, par
J. P. N. M. V. *Bonn*, 1781, gr. in-4, cart.

> 12 planches représentant 226 sujets.

621. Jo. Geo. ab Eckardi dissertatio de Apolline Granno
Mogouno in Alsatia nuper detecto. *Wirceburgii, s. a.*,
br. in-4.

622. Description curieuse des petites figures en or trouvées
dans l'île Bornholm. *Hambourg*, 1725, in-4, fig., cart.
(*En allem.*)

623. Deux lettres à mylord comte d'Aberdeen sur l'authen-

ticité des inscriptions de Fourmont, par M. Raoul-Rochette. *Paris*, 1819, in-4, demi-rel.

624. Notitia elementaris numismatum antiquorum illorum, quæ urbium liberarum, regum et principum ac personarum illustrium appellantur, conscripta ab E. Froehlich. *Viennæ*, 1758, in-4, br.

625. Tables générales de la numismatique. *Rheims*, 1825, in-8, br.

626. Nouvelles recherches sur la science des médailles, par Poinsinet de Sivry. *Maestricht*, 1778, in-4, fig., v. m.

627. Hub. Goltzii opera omnia numismatica, sive romanæ et græcæ antiquitatis monumenta. *Antuerpiæ*, 1708, in-fol., 5 vol., demi-v. n. rog.

628. Numismata imperatorum romanorum a Pompeio Magno ad Heraclium, collecta ab Ad. Occone. *Antv., Plantin*, 1579, in-4, fig., v. f. tr. dor.

629. Descrizione degli stateri antichi illustrati con le medaglie per Dom. Sestini. *Firenze*, 1817, in-4, fig., br. — Mémoire sur les médailles de Marinus frappées à Philippopolis, par Tochon d'Anneci. *Paris*, 1817, in-4, fig., cart.

630. Médailles du grand et moyen bronze du cabinet de la reine Christine, grav. par Piet. Sante Bartolo, expliquées et trad. du lat. par Sig. Havercamp. *La Haye, P. de Hendt*, 1742, in-fol., fig., vél. cordé. (*En lat. et en français.*)

631. De Jos. Pellerin : Recueil de médailles de rois. *Paris*, 1762, 1 vol. — Médailles de peuples et de villes. *Ib.*, 1773, 3 vol. — Mélanges pour servir de supplém. *Ib.*, 1765, 2 vol. — Supplément aux six vol. précéd *Ib.*, 1765-66, 2 vol. — Lettres.... *Ib.*, 1770, 1 vol. : les 9 v. gr. in-4, fig., v. fil.

Le volume des lettres est en demi-rel. et sur plus petit papier.

632. Description des médailles chinoises du cabinet impérial de France, précédé d'un essai de numismatique chinoise, par J. Hager. *Paris, I. I.*, 1805, gr. in-4, pap. vélin, cart.

## D. HISTOIRE ANCIENNE.

633. Histoire ancienne, par Rollin. *Paris*, 1740, in-12, 13 tom. en 14 vol., v. m.

634. Voyage historique de la Grèce, par Pausanias, trad. par Gedoyn. *Paris*, 1731, in-4, fig., 2 vol., v. br.

635. Xenophontis opera, gr. et lat., ex recens. Edw. Wells, accedunt dissertationes et notæ viror. doctiss. cura C. A. Thieme, cum præfat. J. A. Ernesti. *Lipsiæ*, 1791, in-8, 4 vol., v. gr.

636. Arriani expeditionis Alexandri Magni libri VII, et historia indica, gr. et lat. *Amst.*, *Wetstenius*, 1757, in-8, vél. dor.

637. Q. Curtius, cum notis varior. *Amst.*, *Elzev.*, 1665, in-8, v.

638. Examen critique des anciens historiens d'Alexandre le Grand, par Sainte-Croix; 2ᵉ édit. *Paris*, 1810, in-4, fig., br.

639. Fêtes et courtisanes de la Grèce, supplément aux Voyages d'Anacharsis et d'Antenor, par Chaussard. *Paris, Buisson*, 1801, in-8, 4 vol., fig., demi-rel.

640. L'Italia avanti il dominio dei Romani (da Micali). *Firenze*, 1810, in-8, 4 vol., et atlas in-fol., br.

641. Abrégé de l'histoire romaine, orné de 49 gravures. *Paris, Moutardier*, 1805, in-4, cart.

642. La république romaine, ou Plan général de l'ancien gouvernement de Rome, par de Beaufort. *La Haye*, 1766, in-4, fig., 2 vol., br. en cart.

643. J. Rycquii de Capitolio romano commentarius. *Lugd. Bat.*, 1696, in-8, fig. de R. de Hooge, v.

644. Polybii opera, gr. et lat., Is. Casaubonus recensuit. *Paris.*, 1609, in-fol., v. f. fil.

645. Histoire de Polybe, trad. du grec, par Dom Vinc. Thuillier, avec commentaires du chev. de Folard. *Amst.*, *Chatelain*, 1753, in-4, 129 planch., 7 vol., br. en cart.

646. Appiani Alex. historia romana, gr. et lat. *H. Steph.*, 1592, in-fol., parch.

647. Histoire des guerres civiles de la république romaine, trad. du grec d'Appien, par Combes-Dounous. *Paris*, 1808, in-8, 3 vol., bas.

648. L. A. Flori historiæ romanæ libri IV, cum notis varior. *Lugd. Bat.*, 1648, in-8, vél.

649. Florus, cum notis varior. *Lugd. Bat.*, *Elzev.*, 1655,
in-8, vél.

650. Vell. Paterculi historia romana, cum notis varior.,
curante Burmanno. *Lugd. Bat.*, 1717, in-8, vél.

651. Vell. Paterculus, curante Burmanno. *Rott.*, 1756,
in-8, vél.

652. Eutropii breviarum historiæ romanæ, cum Pæanii
metaphrasi græca; Messala Corvinus de Augusti progenie;
Julius Obsequens de prodigiis, etc. *Oxonii*, 1703, in-8,
v. (*Couvert de notes manuscrites.*)

653. Histoire des campagnes d'Annibal en Italie pendant
la deuxième guerre punique, par Frédéric Guillaume;
*Milan, I. R.*, 1812, gr. in-4, fig., 3 vol., br.

654. Titus Livius. *Amst.*, *Blaeu*, 1633, pet. in-12, vél.

655. Freinshemii supplementorum Livianorum decas. *Holmiæ*, *Jansson*, 1649, pet. in-12, vél.

656. C. Corn. Taciti opera, recens. Lallemand. *Paris.*,
*Barbou*, 1750, in-12, 4 vol., v. f. tr. dor

657. C. Corn. Taciti opera, edidit Gabr. Brotier. *Paris.*,
*Delatour*, 1771, in-4, 4 vol., v. fil. tr. dor.

658. Cr. Sallustius, cum veterum historicorum fragmentis
*Amst.*, *Jansson*, 1641, pet. in-12, fig., vél.

659. Suetonius, cum notis diversor., curante P. Burmanno.
*Amst.*, 1736, in-8, fig., 2 tom. en 1 vol., vél. (*Notes
manuscrites.*)

660. Julius Cæsar, cum not. varior., studio Arn. Montani.
*Amst.*, *Elzev.*, 1670, in-8, vél.

661. C. Julii Cæsaris commentariorum de bello gallico libri septem. *Paris.*, *Barbou*, 1755, in-12, 2 vol. mar. v
fil. tr. dor. (*Reliure ancienne.*)

662. Les Césars de l'empereur Julian, ou Fable satyrique
contre les empereurs romains, trad. du grec, par Th.
des Hayons. *Liége*, 1670, pet. in-8, br.

663. Des changements opérés dans toutes les parties de
l'administration de l'empire romain sous les règnes de
Dioclétien, etc., par Naudet, *Paris*, 1817, in-8, 2 vol.,
br.

664. Ed. Corsini de Præfectis Urbis, etc. *Pisis*, 1766,
in-4, demi-rel.

665. Ammien Marcellin, trad. en franç. par de Moulines. *Lyon*, 1778, in-12, 3 vol., demi-rel.

666. Constantini Porphyrogennetæ imperatoris opera, gr. et lat., Joa. Meursius edidit. *Lugd. Bat., Elzev.*, 1627, in-8, parch.

667. Historiæ byzantinæ scriptores post Theophanem, cura Combefisii. *Paris.*, 1685, in-fol., v.

668. Jo. Zonaræ annales. *Paris.*, 1686, in-fol., 2 vol., v.

669. Jo. Cinnami historiæ et Pauli Silentiarii descriptio S. Sophiæ. *Paris.*, 1670, in-fol., v.

670. Theophylacti Samocattæ historiarum libri VIII. *Paris.*, 1647. = Nicephori breviarium historicum. *Paris.*, 1648, in-fol., v.

671. Theophanis chronographia. Leonis Grammatici vitæ imperatorum. *Paris.*, 1655, in-fol., gr. pap., v.

672. Nicetæ historia. *Paris.*, 1647, in-fol., gr. pap., v.

### *E.* HISTOIRE MODERNE.

#### A. *HISTOIRE GÉNÉRALE.* — *EUROPE.*

673. Tableau des peuples qui habitent l'Europe classés d'après les langues qu'ils parlent, et tableau des religions qu'ils professent, par Fréd. Schœll. *Paris*, 1812, in-8, bas.

674. Historia dell' Europa di M. Pier. Franc. Giambullari. *Venezia, Franc. Senese*, 1566, in-4, demi-rel.

675. Histoire générale de l'Europe, depuis Charles-Quint jusqu'au 5 juin 1527, composée par Rob. Macquereau. *Louvain*, 1765, in-4, br.

676. Commentarii de rebus Franciæ Orientalis et Episcopatus Wirceburgensis, auct. J. Geo. ab Eckhart. *Wirceburgi*, 1729, in-fol., fig., 2 vol., bas.

677. Antipatia de' francesi e spagnuoli del dottor D. Carlo Garcia, tradotta di spagnuolo da Clodio Vilopoggio. *Venetia*, 1660, in-12, cart.

> Ouvrage rare et curieux.

678. Le Mercure hollandois contenant les choses les plus remarquables de toute la terre, arrivées en 1673 - 74. *Amst., H. et Th. Boom*, 1675, pet. in-12, parch.

679. L'Observateur hollandois ou 24 lettres de Van** à

M. H** de la Haye, sur l'état présent des affaires de
l'Europe. *La Haye*, 1755-57, pet. in-8 , 3 vol., mar. r
fil. tr. dor. (*Aux armes de Marie Leczinska.*)

680. L'Espion turc dans les cours des princes chrétiens;
15ᵉ édition. *Londres* , 1743, in-12, fig., 7 vol. br. —
L'Espion chinois (par Goudard). *Cologne* , 1769, pet.
in-8 , 6 vol., br.

681. Recueil historique contenant diverses pièces curieuses
de ce temps. *Cologne, Christ. Van Dyck (Holl., Elzev.)*,
1666 , pet. in-12, vél.

682. Le dénoûement des intrigues du temps par la réponse
au livret intitulé : Lettres et autres pièces curieuses sur les
affaires du temps. *Liége (Elzev.)*, 1672, pet. in-12, vél.

683. Mémoires pour servir à l'histoire du temps. *Cologne*,
1676, pet. in-12, parch.

684. Histoire de la Ligue faite à Cambrai contre la république de Venise (par l'abbé Dubos); 5ᵉ édition. *Paris*,
*Barrois*, 1785 , in-12, 2 vol. v. m.

685. Relation de la négociation de la paix de Ryswik, avec
les noms des plénipotentiaires, la représentation des
armes de leurs carosses, de l'habit de leurs domestiques, etc. *La Haye*, 1697, pet. in-8 , blasons, br.

686. Lettres, mémoires et négociations du comte d'Es-
trades, avec l'achat de Dunkerque. *Londres*, 1743, in-12,
9 vol., v.

687. Respublicæ variæ. *Lugd. Bat., Elzev.*, in-24 , 26 vol.,
v. — Scilicet : Ph. Cluverii Introductio in universam
geographiam. — Joa. Sleidani de IV summis imperiis
libri tres. — Thomas Aq. de Rebuspublicis et Principum
Institutione, libri IV. — Respublica Hebræorum, auct.
P. Cunæo. — Eadem, per Car. Sigonium. — Resp.
Achæorum. — Resp. Atheniensium. — Resp. Galliæ. —
Vallesiæ et Alpium descriptio. — Resp. Sabaudiæ. —
Resp. Venetorum. — De principatibus Italiæ. — Hispa-
nia. — Britannia. — Resp. Anglorum. — Resp. Scotiæ
et Hiberniæ. — Ulysses Belgico-Gallicus. — Resp. Na-
murcensis, Hannoniæ, etc. — Resp. Lutzenburgis, etc.
— Resp. Hungariæ. — Dania et Norwegia. — Suecia.
— Resp. Bohemiæ. — Regni Poloniæ descriptio. —
De Constantinopoleos Topographia. — De Bosphoro
Thracio. — Persia.

1. HISTOIRE GÉNÉRALE ET PARTICULIÈRE.

688. Histoire critique de l'établissement de la monarchie française dans les Gaules, par l'abbé Dubos. *Amst.*, 1735, in-12, 3 vol., br.

689. Mémoires pour servir à l'histoire des Gaules et de la France, par Gibert. *Paris*, 1744, in-12, br.

690. Recherches sur les origines celtiques, principalement sur celles du Bugey, considéré comme berceau du Delta celtique, par Bacon-Tacon. *Paris*, an VI, in-8, figures, 2 vol. br.

691. Les illustrations des Gaules et singularités de Troye, par M' Jean le Maire de Belges, avec la couronne margaritique et autres œuvres. *Lyon, J. de Tournes*, 1549, in-fol., parch.

692. État de la France, avec des mémoires historiques sur l'ancien gouvernement de cette monarchie, par le comte de Boulainvilliers. *Londres*, 1727, in-fol., 3 vol. v. br.

693. Abrégé chronol. de l'histoire de France, par Mézeray. *Amst., Wolfgang*, 1682, pet. in-8, portr., 6 vol., v. br.

694. Histoire de France, représentée par figures grav. par David, avec un discours. *Paris*, 1788, in-4, fig. en coul., 5 vol. vél. gr. tr. dor.

695. Figures de l'histoire de France, par Jacq. Phil. Lebas. Texte et figures (1 à 154). (*Belles épreuves.*)

696. Collection de vignettes, fleurons et culs-de-lampes, ou Suite chronologique de faits relatifs à l'histoire de France, composée par Cochin et gravée en partie par lui-même. *Paris, Prevost*, 1767, in-4, cart.

697. La France illustre, ou le Plutarque français, par F. H. Turpin. *Paris, Dufart*, 1780, in-4, fig. et portr. 4 vol., demi-rel. n. rog.

698. Les illustres Français, ou Tableaux historiques des grands hommes de la France, pris dans tous les genres de célébrité, jusqu'à l'époque de 1792, par Ponce. *Paris, l'auteur*, 1816, in-fol., fig., cart.

699. Trésor des antiquités de la couronne de France, re-

présentées en figures d'après leurs originaux. *La Haye*, 1745, in-fol., 2 vol., bas.

> Cet ouvrage renferme les 304 planches des Monuments de la monarchie française de Montfaucon.

700. Histoire de Charlemagne, par Gaillard. *Paris, Foucault*, 1819, in-8, 2 vol., bas. fil.

701. Conjuration d'Étienne Marcel contre l'autorité royale, ou Histoire des États-Généraux de la France de 1355 à 1358, par Naudet, *Paris*, 1815, in-8, br.

702. Le premier (le second, le troisième et le quart) volume des croniques de France, Dangleterre, Descoce, Despaigne, de Bretaigne, de Gascongne, de Flandres et lieux circonvoisins, par Jeh. Froissart. *Paris, Guil. Eustace*, 1513-14, petit in-fol. goth., 4 tomes en 3 vol., demi-v. (*Raccommodages.*)

703. Chroniques d'Enguerrand de Monstrelet. In-fol.

> Manuscrit sur papier, écriture de la fin du xv⁰ siècle, avec lettres ornées ; un examen attentif nous a fait voir quelques variantes entre ce manuscrit et l'édition de M. Buchon : il commence à l'année 1422, à la mort de Charles VI, et va jusqu'en 1461 à la mort de Charles VII. Entre l'année 1444 et 1448 il y a une lacune, ce qui nous fait croire, avec M. Buchon, que la continuation n'est pas la même que celle de Matthieu, publiée par le même éditeur à la suite de son Monstrelet. (*Note de M. Auguis.*)
> Ce manuscrit est incomplet de quelques feuillets.

704. Chroniques d'Enguerrand de Monstrelet. *Paris*, 1603, in-fol., 2 tomes en 1 vol., bas.

705. Histoire de Jeanne d'Arc, par le Brun de Charmettes. *Paris*, 1817, in-8, fig., 4 vol., v. gr. dent.

706. Guil. Dondini Historia de rebus in Gallia gestis ab Alexandro Farnesio. *Pestini*, 1750, in-fol. v.

707. Histoire de François Iᵉʳ, par Gaillard. *Paris*, 1819, in-8, 5 vol., v. dent.

708. La Légende des Flamens. *Paris*, 1558.—Le banquet et après-dinée du comte d'Arète, où il se traite de la dissimulation du roi de Navarre, par M. Dorléans. *Jouxté la copie de Paris*, 1594, pet. in-8, vél.

709. Satyre Ménippée. *Ratisbonne*, 1752, petit in-8, fig., 3 vol., v. m.

710. Mémoires d'État sous le règne des roys Henry III et Henry IV, par M. de Cheverny. *La Haye, J. et Dan.*

*Steucker* (*Elzev.*), 1669, pet. in-12 , 2 tomes en 1 vol. , vél.

711. Histoire de Jeanne d'Albret, reine de Navarre, par M. \*\*\* (de Vauvilliers); 2e édit *Paris*, 1823, in-8, 2 vol. brochés.

712. D'Anquetil : L'Esprit de la Ligue, 2 vol. — L'Intrigue du cabinet sous Henri IV et Louis XIII, 2 vol. — Louis XIV, sa cour et le régent, 2 vol. *Paris*, *Janet et Cotelle*, 1818-19, in-8 , 6 vol. br.

713. Histoire du roy Henry le Grand, par Hardouin de Péréfixe. *Amst.*, *L. et Dan. Elzev.*, 1661, pet. in-12, vél.

714. Diverses pièces pour la défense de la royne mère du roy Louis XIII, publ. par Math. de Morgues. In-fol., 3 tomes en 1 vol., v.

715. Mémoires de M. D. L. R. (M. de la Rochefoucauld) sur les brigues à la mort de Louis XIII, etc. *Cologne*, *Pierre Van Dyck* (*Holl.*, *Elzev.*), 1662, pet. in-12, vél.

716. Histoire de la vie et du règne de Louis XIV, par de la Hode, avec 58 médailles. *Francfort et Basle*, 1740-41, in-4, tomes 1 et 2, cart. n. r.

717. Médailles sur les principaux événements du règne de Louis le Grand, avec des explications historiques. *Paris*, *J. R.*, 1702, gr. in-4 , 286 fig., v. br.

718. Mémoire du roi très-chrétien à l'abbé de Gravel, envoyé par S. M. avec la dépêche en date du camp de Maestricht, le 18 juin 1673. *Cologne*, *Ev. Wurts*, 1673, pet. in-12, cart.

719. Histoire du vicomte de Turenne (par Ramsay). *Paris*, 1735, in-4 , cartes, 2 vol., v. f. fil.

720. Histoire des quatre dernières campagnes du maréch. de Turenne de 1672 à 1675, par le chev. de Baurain et le comte de Grimoard. *Paris*, 1782, in-fol., fig., 2 vol., v. br. fil.

721. Campagnes de Louis XV, ouvrage enrichi de cartes, de la vue des villes assiégées, du plan des batailles et des portraits des généraux célèbres. *Paris*, 1788, 107 pl. in-fol., 2 vol., demi-rel. n. rog.

722. Médailles du règne de Louis XV (par Fleurimont), en 77 pl. encadr. Gr. in-4, cart.

723. Histoire de la guerre des Alpes, ou Campagne de

1744, par le marquis de Saint-Simon. *Amst.*, 1770, in-4, bas.

724. Lettres de M. l'abbé de Saint-Cyr à Mgr le Dauphin père de Louis XVI, écrites pendant la campagne de Flandres en 1745, *Bruxelles*, 1791, pet. in-12, br.

725. Le Temple de la gloire, ou Fastes militaires de la France depuis Louis XIV jusqu'à nos jours, par Jubé de la Perrelle. *Paris, s. d.*, gr. in-fol. pap. vél. fig. avant la lettre et eaux-fortes, 2 vol., demi-v.

726. Le même, pap. ord., en livr.

727. La valise décousue, ou Recueil de lettres de différentes personnes sur les insurrections de France, de Liége et des Pays-Bas. *Francf.*, 1790, pet. in-8, 2 part. en 1 vol., demi-rel.

    Rare.

728. Preuves de conspirations contre toutes les religions et tous les gouvernements de l'Europe, ourdies par les illuminés, les francs-maçons, etc., par John Robison. *Londres*, 1799, in-8, 2 vol., br.

729. Le voile levé pour les curieux, ou le Secret de la révolution de France, révélé à l'aide de la Franc-Maçonnerie. *Paris*, 1816, in-8, cart.

730. Mémoires pour servir à l'histoire du Jacobinisme, par Barruel. *Hambourg, Fauche,* 1798-99, in-8, 5 vol., d.-rel.

731. Essais sur l'histoire de la révolution française, par une Société d'auteurs latins, en franç. et en lat. *Paris*, an VIII, in-12, br.

732. Histoire secrète de la révolution française, par F. Pagès; 2e édit. *Paris*, 1800, in-8, 6 vol., bas.

733. Lettres à Mgr le comte de B. sur la révolution arrivée en 1789, etc. *Londres*, 1789-90, in-8, 7 vol., demi-rel.

734. La vie et le martyre de Louis XVI, par de Simon. *Maestricht*, 1796, in-8 br. — Les régicides ou les trames de l'assassinat de Louis XVI, drame historique en trois actes et en prose, par un officier émigré. 1793, in-8 br. — Louis XVI détrôné avant d'être roi, par l'abbé Proyart. *Paris*, 1814, in-8, br.

735. Lettres sur quelques particularités secrètes de l'histoire, pendant l'interrègne des Bourbons, par le comte de Barruel-Beauvert. *Paris*, 1815, in-8, 3 vol. br.

736. Relation de la fameuse retraite du général Moreau, vers la fin de la mémorable campagne de 1796, trad. de l'all. du doct. Posselt. *Basle*, 1798, in-8, cartes, bas.

737. Mémoires de la marquise de la Rochejacquelein. *Paris*, 1817, in-8, bas.

738. Histoire de France sous l'empire de Napoléon le Grand, représentée en figures, accompagnée d'un précis historique, les figures gravées par David, d'après les dessins de Monnet. *Paris, David*, 1809, in-4, pap. vél., 6 tomes en 3 vol., v. gr. fil. tr. dor.

739. Histoire de la révolution de mil huit cent trente, par Petit. *Paris*, 1831, in-fol., demi-rel. avec 40 lithographies et portraits.

### 2. HISTOIRE DES PROVINCES ET VILLES DE FRANCE.

740. Sinceri itinerarium Galliæ. *Amst., Janssonius*, 1655, pet. in-12, fig. vél.

741. Histoire de la ville de Paris, par Félibien. *Paris*, 1725, in-fol., fig., 5 vol. cart., n. rog.

742. Histoire de Paris; par Dulaure. *Paris*, 1823, in-12, 10 tomes en 20 vol. et atlas in-4, br.

743. Voyage pittoresque de Paris, ou Indication de tout ce qu'il y a de plus beau dans cette ville en peinture, sculpture et architecture, par D*** (d'Argenville). *Paris*, 1757, in-12, fig., v. m.

744. La police de Paris dévoilée, par P. Manuel. *Paris*, an II, in-8, 2 vol., bas.

745. Mémoires intéressants pour servir à l'histoire de France, des maisons royales, châteaux et parcs, par Poncet de la Grave. *Paris*, 1788, in-12, fig., 2 vol., v. m.

746. Histoire du donjon et du château de Vincennes, depuis leur origine jusqu'à l'époque de la révolution, par L. B. *Paris*, 1807, in-8, fig., 3 vol. cart.

747. Nouvelle description des châteaux et parcs de Versailles et de Marly, par Piganiol de la Force *Paris*, 1764, in-12, fig., 2 vol., demi-rel. — Voyage pittoresque des environs de Paris, ou Description des maisons royales, par M D***. *Paris, De Bure*, 1755, in-12, v.

748. Tableau pittoresque de la vallée de Montmorency. *Paris, s. d.*, in-8, fig., br.

749. Ulrici Obrechti Alsatiarum rerum prodromus. *Argent.*, 1681, in-4, cart.

750. De l'origine des Bourgongnons, et antiquités des estats de Bourgongne, par Pierre de St-Julien. *Paris*, 1581, plan. = Histoire du Berry, par J. Chaumeau. *Lyon*, 1566, plans et blasons, in-fol:, v. m.

751. Une province sous Louis XIV, situation de la Bourgogne de 1661 à 1715, par Al. Thomas. *Paris*, 1844, in-8, br.

752. Recette généralle des finances de Moulins, pour l'an 1633. In-fol. vél. (*Manuscrit sur vélin d'environ* 300 *pages*.)

753. Histoire de Lyon, par P. Clerjon. *Lyon*, 1829, in-8, fig., 6 vol. et la table, br.

754. Tableau des prisons de Lyon, pour servir à l'histoire de la tyrannie de 1792 et 1793; par A. F. Delandine. *Lyon*, 1797, pet. in-8, figure, demi-rel.

755. Lettre d'un jeune Lyonnais à un de ses amis, sur le passage de N. S. P. le Pape Pie VII à Lyon, le 19 novembre 1804. *Lyon*, 1805, in-8, demi-v., n. rog.

756. Dictionnaire des hommes illustres de la Provence, par Achard. *Marseille*, 1786, in-4, 2 vol., br.

757. Histoire du canal du Midi ou de Languedoc, par le général Andréossy, avec cartes et plans. *Paris*, an VIII, in-8, cart.

758. Monuments de l'église de Sainte-Marthe de Tarascon, département des Bouches-du-Rhône, etc. *Tarascon*, 1835, gr. in-8, fig, pap. vél., demi-v.

759. Antiquités bordelaises, par P. Bernadau. *Bordeaux*, 1767, in-8, bas.

760. Histoire du Berry, par J. Chaumeau. *Lyon*, 1566, in-fol., fig., v.

761. Notices chronologiques sur les théologiens, jurisconsultes, philosophes, artistes, troubadours et historiens de la Bretagne; par Miorcec de Kerdanet. *Brest*, 1818, in-8, br.

762. Mémoires de la Société des antiquaires de la Normandie. Ann. 1824-36. *Caen*, 1825-36, in-8, 10 tomes en 13 vol. et atlas br.

   Avec atlas jusqu'à 1833.

763. Histoire du Mont-Saint-Michel, par Desroches. *Caen*, 1839, in-8, 2 vol. et atlas, br.

## C. HISTOIRE DES PAYS-BAS.

764. Ponti Heuteri de veterum ac sui seculi Belgio lib. II. *Antuerpiæ*, 1616, in-4, cart.

765. Phil. Cæsii a Zesen Leo Belgicus, hoc est reipublicæ belgarum fœderatæ descriptio. *Amst.*, *L. et D. Elzev.*, 1669, pet. in-12, vél.

766. Abrégé chronologique de l'histoire de Flandre, par Panckoucke. *Dunkerque*, 1762, in-8, demi-rel.

767. Les chroniques et annales de Flandre, comp. par Pierre d'Houdegherst. *Anvers*, 1571, in-4, v.

768. Annales des Provinces-Unies, par Basnage. *La Haye*, 1726, in-fol., 2 vol., v.

769. Aub. Miræi opera diplomatica et historica, ed. J. Fr. Foppens. *Lovanii*, 1723-48, in-fol., 4 vol., v. m. (*Bel exemplaire.*)

770. Diplomatum Belgicorum nova collectio, sive Supplementum ad opera diplomatica Aub. Miræi, tomus quartus, cura et studio J. F. Foppens. *Bruxellis*, 1748, in-fol. br.

771. Militia sacra ducum et principum Brabantiæ, auct Joa. Molano. *Anto.*, *Plantin*, 1592, in-8, parch. (*Rare.*)

772. Hadr. Barlandi chronica ducum Brabantiæ. Brabantiados poema Melch. Barlæi, iconibus (36) J. B. Urienti illustrata. *Antuerpiæ*, *Plantin*, 1600, pet. in-fol., v.

773. Les généalogies et anciennes descentes des forestiers et comtes de Flandres, avec brièves descriptions de leurs vies et gestes, décrites par Corn. Martin, ornées de 35 fig., par P. Balthasar. *Anvers*, 1608, pet. in-fol. cart. (*Mouillé.*)

774. Oliv. Vredii Sigilla comitum Flandriæ. *Brugis*, 1639, in-fol., fig., v. br. — Ejusdem genealogia comitum Flandriæ, variis sigillorum figuris repræsentata. *Ibid.*, 1642, in-fol., fig., 2 vol., v. br.

775. Miroir des nobles de Hasbaye, composé en forme de chronicque par Jacq. de Hemricourt, chev. de St-Jean-de-Jérusalem, l'an 1353, mis en nouveau langage par le sieur de Salbray. *Bruxelles*, 1673, in-fol., fig. et blasons, v. éc.

776. Ant. Sanderi chorographia sacra Brabantiæ, sive cele-

brium in ea provincia abbatiarum, cœnobiorum, etc., etc., descriptio. *Hagæ-Com.*, 1726, in-fol., 3 vol., bas.

Ouvrage rempli de belles figures.

777. Histoire de la terre et vicomté de Sebourcq, jadis possédée par les comtes de Flandre et de Hainnault, par le Sr P. Le Bourcq. *Bruxelles,* 1665, in-4, parch.

778. Fam. Stradæ de bello belgico decades duæ. *Juxta exemplar Romæ* (*Elsev.*), 1648, pet. in-12, fig., 2 vol., vél.

779. Le miroir de la cruelle et horrible tyrannie espagnole perpétrée au Pays-Bas, par le tyran duc de Albe, et aultres commandeurs de par le roy Philippe le deuxiesme. On a adjousté la deuxiesme partie de les tyrannies commises aux Indes occidentales par les Espagnols. *Amst.,* 1620, pet. in-4, fig., v. f. fil.

780. De Leone Belgico, ejusque topographica atque historica descriptione liber, Mich. Aitsingero auctore. *Coloniæ-Ubiorum,* 1586, pet. in-fol., parch.

Cet ouvrage est orné de 142 figures curieuses, gravées par Fr. Hogenber.

781. Advis fidelle aux véritables Hollandois, touchant ce qui s'est passé dans les villages de Bodegrave et Swammerdam, et les cruautés inouïes que les François y ont exercées. *Hollande, à la Sphère,* 1673, in-4, fig. de Romain de Hooghe, vél. bl.

Belles épreuves.

782. Joh. Fred. Gronovii adlocutio ad S. P. Cosmum Magnum Etruriæ principem quum Academiam visitaret. *Lugd. Bat., J. Elsev.,* 1668, in-fol., vél. (24 p.)

783. Mémoires du comte de Guiche, concernant les Provinces-Unies des Pays-Bas. *Londres,* 1744, pet. in-8, v. — Calendrier général de la Flandre, du Brabant et des conquêtes du roi. *Lille,* 1748, in-12, br., rog.

Ce dernier ouvrage est rempli de détails intéressants.

D. *HISTOIRE DE LA SUISSE, DU PIÉMONT, D'ITALIE, D'ESPAGNE ET D'ANGLETERRE, ETC.*

784. Histoire militaire de la Suisse et celle des Suisses dans les différents services de l'Europe, par May de Romainmotier. *Lausanne,* 1788, in-8, 8 vol., br.

A**.

785. Vues remarquables des montagnes de la Suisse, avec leur description et onze belles planches. *Berne*, 1778, gr. in-4, cart.

786. Travels through the Rhetian Alps in 1786, from Italy to Germany, through Tyrol, by Albanis Beaumont. *London*, 1792, in-fol. atl., pap. vél., v.

> Avec 10 grandes figures à l'aquatinte.

787. Recueil d'antiquités trouvées à Avenches, à Culm et en d'autres lieux de la Suisse, par Schmidt. *Berne*, 1760, in-4, 35 pl., br.

788. Nouveau théâtre du Piémont et de la Savoye (par Jacq. Bernard). *La Haye*, 1725, in-fol. max., 4 part. en 2 vol., v. br.

> Cet ouvrage contient plus de 200 planches gravées par Romain de Hooghe et autres habiles graveurs, des cartes, des vignettes et culs-de-lampe, par B. Picard, etc.

789. Chronique de Savoye, par Guil. Paradin. *Genève*, 1602, in-fol., v.

790. Sabaudorum Ducum Principumque historiæ gentilitiæ lib. II, Lamb. Vandenburchio, auctore. *Ludg. Bat.*, *Plantin*, 1599, in-4, blasons, vél.

791. Descrittione di tutte Italia di F. Leandro Alberti, aggiuntavi la descrittione di tutte l'isole all' Italia appartenenti con i suoi disegni. *Venezia, Lod. degli Avanzi*, 1567, in-4, cartes, demi-rel.

792. Versuch über die Regierung der Ostgothen... Essai sur le gouvernement des Ostrogoths pendant leur domination en Italie et sur les rapports des vainqueurs et des vaincus dans le pays, par Georges Sartorius. *Hambourg*, 1811, in-8, demi-mar. r.

793. Storia d'Italia dal 1789 al 1814, scritta da C. Botta. *Italia (Firenze, Molini)*, 1825, in-24, 3 vol., cart.

794. Histoire de la vie et faits d'Ezzelin III, tyran de Padoue, traduit de l'italien de P. Gerardot. *Paris*, 1644, in-8, portr., vél.

795. Commentarii delle cose di Ferrara et de' Principi da Este, di M. G. B. Giraldi, trad. per Lod. Domenichi. *Fiorenza, Torrentino*, 1556, in-12, parch.

796. Vita di Alfonso, duca di Ferrara, scritta da P. Giovio,

trad. da G. B. Gelli. *Firenze, Torrentino*, 1553, in-8, demi-mar. r.

797. Viaggio pittorico della Toscana. *Firenze, Tofani*, 1801, in-fol., fig., 2 vol., en 55 livr.

798. Storia della republica di Venezia, di P. Daru, membro dell' Accademia francese; traduzione dal francese con note ed osservazioni. *Capolago, presso Mendrizio tipografia elvetica*, 1832, pet. in-8, 10 vol., demi-v. f. (*Kœhler.*)

Cette traduction est accompagnée de nombreuses observations critiques de M. le comte Dandolo, qui sont du plus grand intérêt pour la vérité historique.

799. Delle solennità e pompe nuziali gia' usate presso li Veneziani dissertazione di D. Jac. Morelli. *Venezia*, 1793, in-4, cart.

800. Description de l'isle de Sicile et de ses côtes maritimes, avec les plans des forteresses. *Vienne en Autr.*, 1719, in-fol., cart. (*Mouillé.*)

801. Voyage critique à l'Etna en 1819, par de Gourbillon. *Paris*, 1820, in-8, fig., 2 vol., br.

802. An account of Corsica, by J. Boswell. *Glasgow*, 1768, in-8, cart.

803. Annales d'Espagne et de Portugal, par don Juan Alvarez de Colmenar. *Amst.*, 1741, gr. in-4, 4 vol., cartes et fig., demi-rel., n. rog.

804. Histoire des rois catholiques Ferdinand et Isabelle (par Mignot). *Paris*, 1766, in-12, 2 vol., v. gr.

805. Histoire publique et secrète de la cour de Madrid, dès l'avénement du roi Philippe V à la couronne. *Cologne, Pierre Le Sincère*, 1719, in-12, portr., vél.

806. Histoire critique de l'inquisition d'Espagne, par Llorente ; trad. de l'espagnol par A. Pellier ; 2ᵉ édit. *Paris*, 1818, in-8, 4 vol., bas.

807. Voyage pittoresque et historique de l'Espagne, par Alex. de Laborde. *Paris, Didot A.*, 1811, in-fol. max., pap. vél., fig., 4 vol., v. gr. dent.

808. État présent du royaume de Portugal; nouv. édit. *Hambourg*, 1797, in-4, v. f. fil.

809. Joannes Portugalliæ reges ad vivum expressi calamo a P. Emm. Monteyro, cœlo a Guil. Fr. Laur. Debrie. *Ulyssipone, Sylva*, 1742, gr. in-4, 5 portr., v. gr. dent.

810. Voyage en Portugal à travers les provinces d'Entre-

Douro et Minho, de Beira, d'Estramadure et d'Alenteja;
trad. de l'angl. de J. Murphy, par Lallemant. *Paris*,
1797, in-4, fig., cart.

811. Anglia, hominum numero, rerumque fere omnium
copiis abundans, sub Elizabethæ reginæ imperio.... flo-
rentissima. 1579, in-fol., 38 cart. col., v. ant. fil.

812. Annales rerum Anglicarum et Hibernicarum, regnante
Elisabetha, auct. G. Camdeno. *Lugd. Bat., Elzev.*, 1639,
in-8, vél.

813. Histoire d'Angleterre, représentée par figures gravées
par David, avec un discours. *Paris, David*, 1784, in-4,
vél. gr., tr. dor.

814. Explication des médailles et des inscriptions qui sont
autour du portrait de milord Jean Churchill, duc de Marlborough, par Nic. Chevalier. *Utrecht*, 1704, pet. in-fol.,
portr. (8 p.)

815. Histoire de J. Churchill, duc de Marlborough. *Paris*,
*I. I.*, 1808, in-8, 3 vol., br.

816. Histoire d'Angleterre, sous le règne de Georges III,
représentée en figures par David. *Paris, l'Auteur*, 1812,
in-4, pap. vél., tome 1ᵉʳ, v. gr. fil. tr. dor.

817. The origin and history of the constitution of England
and of the early parliaments of Ireland, by sir Will.
Bentham. *Dublin, W. Curry*, 1834, in-8, demi-v. f.

818. Picturesque views of the River Medway, from the
Nore..., with observations by Sam. Ireland. *London*, 1793,
pet. in-4, pap. vél., fig. au bistre et vign. sur bois, v.
gr. fil.

819. Voyage en Angleterre et en Russie, par Ed. de Mon-
tulé. *Paris*, 1825, in-8, 2 vol. et atlas in-4, br.

820. Scotorum historiæ a prima gentis origine cum aliarum
rerum et gentium illustratione non vulgari lib. XIX,
Hect. Boethio auctore. *Paris.*, 1573, in-fol., v. ant. fil.

821. Jo. Geo. Eccardi de origine Germanorum eorumque
rebus gestis libri duo. *Gottingæ*, 1750, in-4, fig., br.

822. Description de Pyrmont, trad. de l'allem. de M. Mar-
card. *Leipzig*, 1785, in-8, fig., 2 vol., br. — Coup d'œil
sur Belœil (par le prince Charles de Ligne). *Belœil, de*
*l'impr. du prince*, 1781, in-8, cart.

823. Description de Dresde, par Ant. Wecken. *Nurenberg*,
1680, in-fol., fig., v. br. (*En allem.*)

824. Correspondance de l'empereur Maximilien I<sup>er</sup> et de Marguerite d'Autriche, publ. par *Le Glay. Paris*, 1839, in-8, 2 vol., br.

825. Sol in occasu, sive Maximilianus Henricus, archiepiscopus Coloniæ an. 1678 Bonnæ mortuus lessu funebri deploratus, a musis Collegii Soc. Jesu, Colon. *Coloniæ*, *P. Alstorff*, 1688, gr. in-fol., fig., br.

826. Antiquitates et Annales Trevirenses, auct. RR. PP. Chr. Browero et Jac. Masenio. *Leodii*, 1671, in-fol., 2 vol., fig., br.

827. Monumenta Paderborniensia, ex historia Romana, Francica, Saxonica eruta, notis illustrata. (auct. Ferd. Furstenbergio.) *Lipsiæ*, 1713, in-4, fig., v.

828. Casp. Sagittarii antiquitates regni Thuringici. *Ienæ*, 1685, pet. in-4, v. f. (*Exempl. du comte d'Hoym.*)

829. Th. Crugeri Origines Lusatiæ, et historia Geronis primi Lusatiæ Infer. marchionis. *Lipsiæ*, 1726, in-4, fig., cart.

830. Thesaurus rerum suevicarum, edente Jo. Reinh. Wegelinro. *Lindaugiæ*, 1756-60, in-fol., 4 vol., br.

831. Matt. Merian Topographia Bohemiæ, Moraviæ et Silesiæ. *Francof.*, 1650, in-fol., fig., v.

832. Hungariæ antiquæ et novæ prodromus, auctor Mathias Belius. *Norimb*, 1723, in-fol., fig., br.

833. Illustrations de la Russie, ou Galerie des personnages les plus remarquables de cet empire, sous le règne de Pierre le Grand, trad. du russe. *Paris*, 1829, in-8, port., br.

834. Voyages en Russie, en Tartarie et en Turquie, par E. D. Clarke ; trad. de l'anglais. *Paris*, 1813, in-8, cartes, 3 vol., bas.

835. Voyage dans le nord de la Russie asiatique, dans la mer Glaciale, sur les côtes de l'Amérique, trad. de l'anglais, de Billing, par Castéra. *Paris*, 1802, in-8, 2 vol., br. et atlas.

### E. HISTOIRE D'ORIENT.

836. Abrégé chronologique de l'histoire ottomane, par de la Croix. *Paris*, 1768, in-8, 2 vol., demi-rel.

837 Histoire mahométane ou les quarante-neuf chalifes du Macine, avec un sommaire de l'histoire des musulmans

ou sarrasins en Espagne, extrait de Rodrigues Ximenès, par P. Valtier. *Paris*, 1657. = Histoire du grand Tamerlan, traduite de l'arabe d'Achecmed, par Vattier, *Ibid.*, 1658. = Portrait du grand Tamerlan, avec la suite de son histoire, trad. de l'arabe. *Ibid.*, 1658, in-4, v. br.

837 *bis*. Tarikhi sciahh , chronique du voyageur. *Constantinople*, 1142 (1729), pet. in-4, v., br., rel. orient.

Traduction turke de l'Histoire de la Conquête de la Perse par les Afghans. C'est la troisième production de l'imprimerie de Constantinople.

838. Mémoires du comte de Bonneval, Osman pacha. *Londres*, 1755, pet. in-8, 3 vol., br.

839. Les navigations et voyages faits en Turquie, par Nicolas de Nicolay. *Anvers*, *Silvius*, 1576, in-4, vél.

Avec 60 belles gravures sur bois, d'après des dessins du Titien. — Il manque la figure du Calender.

840. Le navigationi et viaggi nella turchia, di Nic. de Nicolai del Delfinato. *Anversa*, 1576, pet. in-4, fig. sur bois, parchemin.

841. Le medesime. *Anversa*, 1577, pet. in-4, fig., sur bois, demi-rel. (*Incomplet du 1ᵉʳ feuillet de la préface.*)

842. Relation d'un voyage au Levant, par Jos. Pitton de Tournefort. *Amst.*, 1718, in-4, fig., 2 tom. en 1 vol., v.

843. Voyage au Levant, par Corn. Le Bruyn. *Paris*, 1725, in-4, fig., 5 vol., v.

844. Voyages de Corn. Le Bruyn au Levant, dans les principaux endroits de l'Asie Mineure, l'Égypte, Syrie et Terre-Sainte, etc., publ. par l'abbé Banier. *La Haye*, 1732, in-4, fig., 5 vol., demi-rel.

Même édition que la précédente, avec les titres de la Haye, 1732.

845. Voyage au Levant, par Corn. Lebrun. *Paris*, 1714, in-fol., fig., 2 vol., v. br.

846. Voyages de Corn. Lebrun, par la Moscovie, en Perse et aux Indes orientales. *Amst.*, 1718, in-fol., fig., 2 v., v. br.

847. Voyages en Turquie, Perse et aux Indes, par J.-B. Tavernier. *Suiv. la copie impr. à Paris (Holl., Elzev.)*, 1679, pet. in-8, fig., 3 vol., v.

848. Voyage de Dalmatie, de Grèce et du Levant, par Geo. Wheler. *La Haye*, 1723, in-12, fig., 2 vol., br.

849. Voyage dans le Levant en 1817-18 , par le comte de Forbin. *Paris*, *I. R.*, 1819, in-fol. max.

850. Voyages en Orient, de 1821 à 1829. *Paris*, 1829 , in-8, fig., 2 vol., br.

851. Voyage de la Troade , fait dans les années 1785 et 1786, par J.-B. Lechevalier ; 3ᵉ édit. *Paris* , 1802, in-8, 3 vol., et atlas in-4 , v. rac. dent.

852. Voyage dans l'empire othoman , l'Égypte et la Perse, par Olivier. *Paris* , 1804 et 1807, in-4 , 3 vol. et atlas , demi-mar.

853. Histoire générale des royaumes de Chypre , de Jérusalem, d'Arménie et d'Égypte, etc. *Leide* , 1785 , in-4 , cart., 2 vol., br.

854. J. M. Hasii descriptio geographico-historica regni Davidici et Salomonis , cum delineatione Syriæ et Ægypti. 1754 , in-fol., cartes color., br.

855. Hadr. Relandi Palæstina ex monumentis veteris illustrata. *Traj. ad Rh.*, 1714 , in-4 , fig., vél. cordé.

856. Recueil de questions proposées à une société de savants qui , par ordre de S. M. Danoise , font le voyage de l'Arabie ; par Michaélis. *Amsterdam* , 1774 , in-4 , br.

857. Voyage de Syrie et du Mont-Liban, par M. de La Roque. *Amst.*. 1723, in-12, fig., 2 vol., v. br.

858. Histoire des Arabes sous le gouvernement des califes, par l'abbé de Marigny. *Paris, veuve Estienne*, 1750 , in-12 , 4 vol., v. m.

859. Histoire des révolutions de l'empire des Arabes , par l'abbé de Marigny. *Paris*, *Gissey*, 1750 , in-12 , 4 vol., v. m.

### F. HISTOIRE DE L'INDE , DE LA CHINE , ETC.

860. Recherches historiques sur l'Inde ancienne, par Robertson. *Paris*, 1821, in-8 , demi-rel. — Tableau pittoresque de l'Inde , par M. Buckingham. *Paris*, 1835, in-8, br.

861. Description historique et géograph. de l'Inde , par le P. Jos. Tieffenthaler, Anquetil du Perron, Jacq. Rennel et J. Bernoulli. *Berlin* , 1786-88 , gr. in-4 , cartes et figures, 2 tom. en 3 vol., cart.

862. Histoire générale de l'Inde ancienne et moderne, par de Marlès. *Paris*, 1828, in-8, 6 vol., br.

863. Views in the East comprising India , Canton and the shores of the Red Sea. With historical and descriptive iltration, by cap. Robert Elliot. *London*, *H. Fisher*, 1833. gr. in-8 , fig., pap. vél., 2 vol., demi-mar. vert, plats de percaline moirée , tr. dor.

     60 belles figures.

864. Histoire de Timur-Bec, connu sous le nom de Tamerlan. par Pétis de la Croix. *Delf*, 1723 , in-12 , fig. et cartes , 4 vol., br.

865. Monuments anciens et modernes de l'Hindoustan , décrits par L. Langlès. *Paris* , *Didot A.* , 1821, in-fol. , fig., 2 vol., cart.

866. Asiatic researches of the society instituted in Bengal. *London*, 1799-1803 , in-4 , cartes, tom. 1 à 7, demi-rel.

867. Recueil des voyages qui ont servi à l'établissement et aux progrès de la compagnie des Indes orientales, formée dans les provinces-unies des Pays-Bas; nouv. édit. augmentée. *Rouen*, 1725 , in-12 , fig., 10 vol., v. br.

868. Collection des voyages aux Indes orientales, par Franç. Valentyn , ministre à Amboine. *Amst.*, 1726, in-fol., 8 vol., demi-rel., non rog. (*En hollandais.*)

    Ouvrage orné de 950 belles figures , premières épreuves , avec le superbe portrait de l'auteur, par Houbraken , et ceux de tous les gouverneurs des Indes.

869. Vies des gouverneurs généraux , avec l'histoire abrégée des établissements hollandais aux Indes orientales, par Dubois. *La Haye*, 1763 , in-4 , demi-rel., non rog.

870. Tableau du royaume de Caboul et de ses dépendances , etc., par Mountstuart Elphinstone , trad. par Breton. *Paris*, *Nepveu* , 1817, in-18 , fig. col., 3 vol., v. rac. dent., tr. dor.

871. Histoire des progrès et de la chute de l'empire de Mysore, par Michaud. *Paris*, 1801 , in-8, fig., 2 vol., bas.

872. Mémoire dans lequel on prouve que les Chinois sont une colonie égyptienne; par M. de Guignes. *Paris*, 1759. = Dontes sur la dissertation de M. de Guignes, par Leroux des Hautes-Rayes. *Paris*, 1759, fig. = Réponse de M. de Guignes. *Paris*, 1759, fig., in-12 , v. m.

873. Nouvel atlas de la Chine, de la Tartarie chinoise et

du Thibet, etc., par d'Anville. *La Haye*, 1737, in-fol. max., cart.

874. Description de l'empire de la Chine et de la Tartarie chinoise, par le P. Duhalde. *La Haye*, 1736-37, in-4, fig., 4 vol., v. et atlas in-fol., de 42 cart., par d'Anville.

875. Atlas général de la Chine, pour servir à la description générale de cet empire, par l'abbé Grosier. *Paris*, 1785, gr. in-fol., cart.

876. De la Chine, ou Description générale de cet empire, par l'abbé Grosier. *Paris*, 1818, in-8, cartes, 7 v., br.

877. Mémoires concernant l'histoire, les sciences, les arts, les mœurs, etc., des Chinois. *Paris*, 1776-91, in-4, fig., 15 vol., v. gr., fil.

878. Les mêmes. In-4, 15 vol., demi-rel.

879. Nouveaux mémoires sur l'état présent de la Chine, par le P. L. Le Comte. *Amst.*, 1698, in-12, fig., 2 vol., bas.

880. Ambassade de la compagnie orientale des Provinces-Unies vers l'empereur de la Chine, par J. Nieuhoff, mis en franç. par Jean Le Carpentier. *Leyde*, 1665, in-fol., fig., v.

881. Voyages à Pékin, Manille et l'Ile de France, par M. de Guignes. *Paris*, I. I., 1808, in-8, 3 vol., v. f., ant. fil. et atlas in-fol., demi-rel. (*Thouvenin.*)

882. Les mêmes, demi-rel.

883. Remarques philolophiques sur les voyages en Chine, de mons. de Guignes, par Sinologus Berolinensis (Montucci). *Berlin*, 1809, in-8, cart.

884. Voyage en Chine et en Tartarie, à la suite de l'ambassade de lord Macartney, par M. Holmes, auquel on a joint les vues, costumes, etc., de la Chine, par M. W. Alexandre. *Paris*, 1805, in-8, pap. vél., fig., 2 vol., v. rac. fil. — Voyage en Chine, formant le complément du voyage de lord Macartney, par John Barrow, suivi de la relation de l'ambassade envoyée en 1719 à Péking, par Pierre Ier, trad. avec des notes par Castéra. *Paris*, 1805, in-8, 3 vol., v. rac., et atlas in-4, rel. — Observations sur le voyage de M. Barrow, à la Chine, en 1794; imprimé à Londres en 1804, lues à l'Institut par M. de Guignes. (*Paris*, *Denni*), in-8 (58 pages).

885. Journal of the proceedings of the later embassy to China,

by Henry Ellis. *London, J. Murray*, 1817, in-4 , fig.
color., pap. vél., v. gr., fil.

886. Voyage de Siam, des Pères jésuites. *Amst.*, 1689 ,
in-12, fig., 3 vol., v.

887. Les nouvelles découvertes des Russes entre l'Asie et
l'Amérique, avec l'hist. de la Sibérie et du commerce
des Russes et des Chinois, trad. de l'anglais de Coxe (par
Demeunier). *Paris*, 1781, in-4, cartes et fig., cart.

———

888. Primo volume et terza editione delle navig tioni et
viaggi racc. da G. B. Ramusio, nel quale si contengono
la descrittione dell' Africa. *Venezia*, 1563, in-fol., fig.,
parch. (*Mouillé.*)

889. Storia della guerra dell' independenza degli Stati
uniti d'America, scritta da Carlo Botta. *Parigi, D. Colas*,
1809, in-8 , 3 vol., v. rac. fil.

### G. BIOGRAPHIE.

890. Les vies des hommes illustres, de Plutarque, trad.
par J. Amyot. *Paris, Vascosan*, 1558, fort vol. in-fol.,
mar. br.

Très-bel exemplaire de Henri II , orné de riches compartiments en
mosaïque, parmi lesquels on remarque le chiffre de Diane de Poitiers.
Quelques feuillets de la marge inférieure , vers la fin, sont piqués.

891. Nouveau dictionnaire historique, par Chaufepié. *Amst.*,
1750, in-fol., 4 vol., v. br.

Exemplaire de la Malmaison.

892. Dictionnaire historique, ou Mémoires critiques et lit-
téraires, par Prosp. Marchand. *La Haye*, 1758, in-fol.,
2 tom. en 1 vol., v. m.

893. Chronica delle vite dei pontifici et imperatori romani,
di Fr. Petrarca. *Vinegia, Bindoni*, 1534, in-8, demi-rel.

894. L'Europe illustre, par Dreux du Radier. *Paris*, 1777,
gr. in-4, portr. d'Odieuvre, 6 vol., v. rac.

895. Vie de Grosley, écrite par lui-même et publiée par
l'abbé Maydieu. *Paris*, 1787, in-8, br.

896. Procès de Joseph Balsamo, comte de Cagliostro, avec
des éclaircissements sur la vie et les sectes des francs-maçons. *Liége*, 1791 , in-12, br.

897. Notice biographique sur Roland Delattre, connu sous
le nom d'Orland de Lassus, par H. Delmotte. *Valenc.*,
1836, in-8, demi-v.

### H. HISTOIRE HÉRALDIQUE.

A. *TRAITÉS SUR LA NOBLESSE. — BLASONS. — GÉNÉALOGIES.*

898. Car. Arndii bibliotheca politico-heraldica selecta. *Ros-
tochii*, 1705, pet. in-8, demi-rel.

899. Mémoires sur l'ancienne chevalerie, per de la Curne
de Sainte-Palaye. *Paris*, 1756, in-12, 2 vol., br.

900. Les mêmes, avec une introduction et des notes, par
Ch. Nodier. *Paris*, 1826, in-8, fig. col., 2 vol., demi-v.

901. Les statuts de l'ordre du Saint-Esprit établi par
Henri III. *Paris, I. R.*, 1740, in-4, vignettes de S. Leclerc,
mar. r. dent. tr. dor. (*Aux armes.*)

902. Mémoires historiques concernant l'ordre royal et militaire du Saint-Esprit, et l'institution du Mérite militaire
(par Meslin). *Paris, I. R.*, 1785, in-4, v. m. fil.

903. Prospectus de l'histoire de l'ordre de la Toison-d'Or
(lat. et fr.), par le chev. de Bors d'Overen. *Bruxelles*, 1768,
gr. in-fol., armoir. (10 p.)

904. Historia ordinis equitum Teutonicorum hospitalis S.
Mariæ V. Hierosolymitani. *Viennæ*, 1727, in-fol., fig., br.

905. Historischer Bericht von dem Marianisch Deutschen
Ritter-Orden, durch Joh. Gasp. Venatorn. *Nurnberg*, 1680.
in-4, blasons, vél.

906. Dictionnaire héraldique, contenant tout le blason, suivi
des ordres de chevalerie (par Gastellier de la Tour). *Paris*,
1776, pet. in-8, fig., br.

907. Le roy d'armes, ou l'Art de bien former, charger, bri-
ser, timbrer, parer, expliquer et blasonner les armoiries,
par le P. Gilbert de Varennes; 2e édit. *Paris*, 1640, in-fol.,
blasons, v.

908. La science héroïque, par Marc de Wlson, sieur de la
Colombière ; 2e édit. *Paris*, 1669, in-fol., fig., v. m.

> Quelques planches sont coloriées, et celle de la page 451 est rac-
commodée.

909. L'état et comportement des armes, par Jean Scohier.
*Bruxelles*, 1629, in-4, blasons, vél.

910. Wappenbuch... Nouvel armorial allemand. *Nuremb.*, 1657, in-4, obl., 5 vol., vél.

> 1103 planches contenant des milliers d'armoiries.

911. Le jardin d'armoiries, contenant les armes des royaumes et maisons de Germanie inférieure. *Gand*, 1567, pet. in-8, fig., cart. (*Mouillé.*)

912. La connaissance des pavillons ou bannières que les nations arborent en mer. *La Haye*, 1737, in-4, br. en cart.

> Avec 90 planches représentant 200 pavillons.

913. Les souverains du monde, ouvrage qui fait connaître la généalogie de leurs maisons, etc. *La Haye*, 1722, pet. in-8, blasons, 4 vol., br.

914. Armorial général de la France, par D'Hozier. *Paris*, I. R., 1821-23, in-4, blasons, 2 vol., br.

915. Histoire des dignitez honoraires de France, et érection de plusieurs maisons nobles en duchez, comtez, pairies, etc., par le S. Lazare. *Paris*, 1635, pet. in-8, demi-rel.

916. Les prévôts des marchands, échevins, procureurs du roy, greffiers et receveurs de la ville de Paris jusqu'en 1701.

> Recueil de blasons coloriés formant un vol. in-fol. de 71 feuillets.

917. Les marques d'honneur de la maison de Tassis (par J. Chifflet). *Anvers*, *Plantin*, 1645, gr. in-fol., fig. et portr., par Galle, v.

918. La véritable origine de la très-ancienne et très-illustre maison de Sohier (par J. C. D. D.) *Leyde*, *F. Hacke*, 1661, gr. in-fol., fig. et portr., v. br. fil. (*Aux armes de Sohier.*)

B. TOURNOIS. — JOUTES. — FÊTES. — ENTRÉES.
— CÉRÉMONIES, ETC.

919. Le vray théâtre d'honneur et de chevalerie, ou le Miroir héroïque de la noblesse, par Marc de Wlson de la Colombière. *Paris*, *Aug. Courbé*, 1648, in-fol., v., fig.

> Exemplaire en grand papier, auquel on a ajouté une suite de gravures anciennes qui ont rapport aux sujets traités dans ce volume : les figures du Combat à la barrière, de Callot ; quelques figures italiennes représentant les triomphes, tournois, joutes, etc.

920. Thurnier-Buch, von Anfang, Ursachen, Ursprung

und Herkommen der Thurnier im Heiligen Romischen Reich teutscher Nation, wievel offenlicher Land-Turnier von Kayser Heinrich dem Ersten an, bis auf Kayser Maximilien, etc., von G. Reuxner, *Franckf. a. M.*, in-fol., peau de truie.

> On trouve dans cet ouvrage les nombreuses et belles figures attribuées à Josse Ammon et à Teyerabend.

921. Tournois donné à Stuttgard à l'occasion des noces du prince Jean-Frédéric, duc de Wirtemberg. *Stuttgard, Balthazar-Luchlern,* 1609.

> Suite de 241 planches fort curieuses représentant les costumes de tous ceux qui prirent part à ce carrousel; malheureusement il manque 30 planches à notre exemplaire. — Il est presque impossible d'en trouver un complet. (*Faligné.*)

922. Le pas d'armes de la bergère, maintenu au tournoi de Tarascon, par G.-A. Crapelet. *Paris, Crapelet,* 1828, gr. in-8, fig. col., cart.

923. Entreveues de Charles IV, empereur, de son fils Vuenceslaus, roy des Romains, et de Charles V, roy de France, à Paris, l'an 1378; de Louis XII, roy de France, et de Ferdinand, roy d'Arragon, à Savonne, l'an 1507, par T. Godefroy. *Paris,* 1612, in-4, vél.

924. Bref et sommaire recueil de ce qui a été faict, et de l'ordre tenüe à la joyeuse et triumphante entrée de tres-puissant, tres-magnanime et tres-chrestien prince Charles IX de ce nom, roy de France, en sa bonne ville et cité de Paris, capitale de son royaume, le mardy sixième jour de mars. Avec le couronnement de tres-haute, tres-illustre et tres-excellente princesse Madame Elizabet d'Autriche, son épouse, le dimanche vingt-cinquiesme. *Paris,* 1572, in-4, fig. v.

925. Les deux plus grandes, plus célèbres et mémorables resjouissances de la ville de Lyou. La première, pour l'entrée de tres-grand, tres-chrestien, tres-victorieux prince Henry IIII, roy de France et de Navarre. La seconde, pour l'heureuse publication de la paix avec le cours et la suite des guerres entre les deux maisons de France et d'Autriche. *Lyon,* 1598, in-4, fig., demi-mar. v.

926. Discours de l'entrée faicte par tres-haut et tres-puissant prince Henry IIII, roy de France et de Navarre, et

tres-illustre princesse Marie de Médicis, la reyne son
épouse, en leur ville de Caen, au mois de septembre 1603.
*Caen, Mancel*, 1842, in-8, demi-rel., v. avec coins.

927. Le camp de la place Royalle, ou Relation de ce qui
s'est passé les cinquiesme, sixiesme, et septiesme jour
d'avril mil six cents douze, pour la publication des mariages du roy et de madame, avec l'infante et le prince
d'Espagne. *Paris*, 1612, pet. in-4, v. f.

928. La royalle reception de leurs majestez tres-chres-
tiennes en la ville de Bourdeaus, ou le siècle d'or ramené
par les alliances de France et d'Espagne. *Bourdeaus,* 1615,
in-8, parch.

929. Le soleil au signe du Lyon, ensemble l'entrée de Sa
Majesté et de la plus illustre princesse de la terre, Anne
d'Autriche, dans ladite ville de Lyon, le 11 décembre
1622. *Lyon, Jullieron*, 1623, in-fol., fig., demi-v. f.
tr. d.

930. Sibylla gallica, seu Felicitas sæculi justo regnante Ludo-
vico, ubi Principis... majoritas, connubium, victoriæ alia-
que prospera imperii fata... exprimuntur a Th. Bellonio.
*Paris.*, 1623. = Discours sur les arcs triomphaux dressés
en la ville d'Aix, à l'heureuse arrivée de Louis XIII. *Aix,
Jean Tholosan*, 1625, fig., in-fol., v.

931. Éloges et discours sur la triomphante réception du roy
Louis XIII en sa ville de Paris, après la réduction de la
Rochelle; accompagnez des figures, tant des arcs de
triomphe, que des autres préparatifs. *Paris*, 1629, in-fol.,
fig., v. f.

932. Les armes triomphantes de Son Alt. Monseign le duc
d'Espernon, pour le sujet de son heureuse entrée faite
dans la ville de Dijon, le huictième jour du mois de may
mil six cens cinquante-six. *Dijon*, 1656, in-fol., fig.,
parch.

933. L'entrée triomphante de Louis XIV et de Marie-Thé-
rèse dans la ville de Paris en 1662. *Paris*, 1662, in-fol.,
fig., v.

934. Etablissement de l'Académie royale de danse en la ville
de Paris. *Paris*, 1663. = La brillante journée ou le Car-
rousel des galans Maures, entrepris par monseigneur le
Dauphin, avec la comparse, les courses, et des madri-
gaux sur les devises. *Paris*, 1685. = La fête royale don-

née à Sa Majesté, par son Alt. Seren. Monseig. le duc de
Bourbon à Chantilly, le 4, 5, 6, 7 et le 8 novembre 1722,
par Faure. *Paris*, 1722, etc., v. m.

935. Journal de ce qui s'est fait pour la reception du roy
dans sa ville de Metz, le 4 aoust 1744. *Metz*, 1744, in-fol.,
fig., v. br.

936. Programme de la marche triomphale des chars, caval-
cades, etc., à la fête communale de Cambrai, 15 et 17 août
1838. *Cambrai*, 1838, in-8, fig., cart.

937. Balet comique de la royne, faict aux nopces de monseigneur le duc de Joyeuse et mademoyselle de Vaudemont
sa sœur, par Baltasar de Beauioyeulx. *Paris*, 1592.
= Oraison funebre prononcée en l'eglise Sainct-André-
des-Arcs, es obsequès de feu mess. Christofle de Thou, etc.,
par Prevost. *Paris*, 1583, in-4, v. br.

938. La lotterie, feste galante, par M. *** *Paris*, 1713, pet.
in-8, fig., mar. r. fil. tr. dor.

939. Le cérémonial françois, par Théod. Godefroy. *Paris*,
1649, in-fol., 2 vol., v. br.

940. Cérémonies et prières du sacre des rois de France,
accompagnées de recherches historiques. *Paris, F. Didot*,
1825, in-12, demi-mar. r. av. coins, non rogné.

941. Cérémonies observées au sacre et couronnement de
Louis XVI. *Paris*, 1775, pet. in-8, br.

942. Le sacre et couronnement de Louis XVI, enrichi d'un
grand nombre de figures. *Paris, Vente*, 1775, in-4,
demi-v. f.

943. Description des cérémonies et des fêtes qui ont eu lieu
pour le couronnement de Napoléon et de Joséphine. *Paris,
Leblanc*, 1807, in-fol. max., fig., cart.

744. Description des cérémonies et des fêtes qui ont eu lieu
pour le mariage de Napoléon et de Marie-Louise, par
Ch. Percier et Fontaine. *Paris, Didot A.*, 1810, in-fol.
max., fig., cart.

945. Feste nelle nozze del seren don Francesco Medici gran
duca di Toscana e della ser. sua consorte la sig. Bianca
Capello, composte da Raff. Guallerotti. *Firenze, Giunti*,
1579, in-4, fig., v. ant. fil.

946. Descrizione delle feste celebrate in Parma l'anno 1769
per le auguste nozze di Sua Alt. R. l'Infante don Ferdi-

nando colla R. Arcid. Maria Amalia. *Parma, St-R.*, *s. a.*,
gr. in-fol., fig., demi-rel.

947. Grapheus, de triumphe van Antwerpee. *Antv.*, 1550,
in-fol., cart.

> Belles figures sur bois. Une d'elles est imparfaite.

948. Spectaculorum in susceptione Philippi Hisp. Princ.
divi Caroli V, Cæs. F. a. 1549, Antuerpiæ editorum miri-
ficus apparatus, per Corn. Scrib. Grapheum descriptus.
*Antuerpiæ*, 1550, pet. in-fol., demi-v.

949. Descriptio publicæ gratulationis spectaculorum et lu-
dorum in adventu Ser. principis Ernesti, arch. Austriæ...
belgicis provinciis a. 1593, a Joa. Bochio conscripta.
*Antuerpiæ, Plantin*, 1595, in-fol., fig., demi-rel.

950. Historica narratio profectionis et inaugurationis Ser.
Belgii principum Alberti et Isabellæ Austriæ archiducum
et eorum optatissimi in Belgium adventus, etc., auct.
Joa. Bochio. *Antv., Plantin*, 1602, in-fol., fig., v. m.

951. Marie de Médicis entrant dans Amsterdam, ou Histoire
de la réception faite à la reine, mère du roi très-chrétien,
trad. du lat. de Gasp. Barleus. *Amst. Blaeu*, 1638, gr.
in-fol., vél.

> 16 grandes et belles gravures et portrait de la reine, par Savry,
> Devlieger et Moyaert.

952. Voyage de don Fernande, infant d'Espagne, cardinal,
avec le roi Philippe IV, son frère, depuis avril 1632,
jusqu'à son entrée à Bruxelles, le 4 nov. 1634, trad. de
l'espagnol de D. Diego de Aedo et Gallart, par Jules
Chifflet. *Anvers*, 1635, in-4, fig., vél.

953. Cento Virgilianus in solemni inauguratione Caroli
sexti Hispan. et Indiar. regis tertii, etc., Mechliniæ, 15 nov.
1717. *Antuerpiæ, s. a.*, in-4, demi-mar.

954. Succession de el rey D. Phelipe V en la corona de Es-
paña; diario de sus viages desde Versalles a Madrid...
jornada a Napoles, a Milan, etc., por D. Ant. de Ubilla y
Medina. *Madrid*, 1704, in-fol., gr. fig., bas.

955. Relation du voyage de S. M. Britannique en Hollande,
et de la réception qui lui a été faite. *La Haye*, 1692, in-
fol., vél.

> 15 belles figures de Romain de Hooghe, et le portrait de Guillaume III,
> gravé par van Gunst. d'après Brandon.

# POLYGRAPHIE.

## *I.* GÉNÉRALITÉS. — MÉLANGES.

956. Plutarchi quæ exstant omnia, cum lat. interpret. Herm. Cruserii et Xylandri. *Francof.*, 1599, in-fol., 2 vol., v.

957. Œuvres de Plutarque, trad. par Amyot, avec des notes et des observations par Gabr. Brotier et Vauvilliers; nouv. édit. augmentée par E. Clavier. *Paris, Cussac,* 1801-6, in-8, 25 vol., br. en cart.

958. Trois ouvrages de Xénophon. *Amst.*, 1745, in-12, fig., 2 vol., br.

959. Ciceronis opera. *Lugd. Bat.*, *Elzev.*, 1642, pet. in-12, 10 vol., demi-mar.

960. Ciceronis opera. *Amst.*, *Blaeu* (*Typ. Elzev.*), 1659, pet. in-12, 6 vol., parch.

961. Ciceronis opera, ed. Jos. Olivetus. *Genevæ*, 1758, in-4, 9 vol., v. f. fil. tr. dor.

961 *bis*. Ciceronis opera. *Paris.*, *Barbou*, 1768, in-12, 14 vol., v. fil.

962. Marci Velseri opera, in quibus historia boica, res augustanæ, conversio et passio SS. martyrum Afræ, Hilariæ, Dignæ, Eunomiæ, Eutropiæ, Vitæ S. Udalrici et S. Severini.... Tabulæ Peutingerianæ integræ, P. Optatiani Porphyrii Panegyricus, etc., continentur, accurante Chr. Arnoldo. *Norimb.*, 1682, in-fol., cartes, v.

963. Dom. Baudii Epistolæ, orationes et libellus de Fœnore. *Amst.*, *Elzev.*, 1662, pet. in-12, vél.

964. Œuvres de Scarron. *Amst.*, *Wetstein*, 1752, pet. in-12, fig., 7 vol., demi-rel.

965. Œuvres diverses de Fontenelle, édit. enrichie des belles figures et vignettes de Bern. Picard, texte encadré. *La Haye, Gosse*, 1728, in-fol., 3 v., v. br.

966. Œuvres mêlées de Saint-Évremont. *Londres*, 1705, gr. in-4, portr. et vign., 3 vol., v.

967. Œuvres de l'abbé de Saint-Réal. *Amst.*, 1740, in-12, 6 tom. en 3 vol., cart., n. rog.

*Belle édition ornée des gravures et des jolies vignettes de B. Picart.*

A**. 6ᵃ

968. Œuvres du P. Rapin. *La Haye*, 1725, in-12, 3 vol.,
demi-rel.

969. Œuvres de L. Racine, ornées de son portrait par
Tanjé. *Amst.*, *Marc-Michel Rey*, 1750, in-12, 6 vol., br.

970. Les mêmes. *Paris, Lenormant*, 1808, in-8, 6 vol., br.

971. Œuvres complètes de La Fontaine, précédées d'une
nouvelle notice sur sa vie. *Paris, Lefevre*, 1814, in-8,
6 vol., fig., v. vert. (*Belle reliure de Serres et bonnes épreuves.*)
= Nouvelles œuvres diverses de La Fontaine et poésies
de Maucroix, par Walckenaer. *Paris*, *Nepveu*, 1820,
in-8, br.

972. Œuvres en vers et en prose de Desforges-Maillard.
*Amst.*, 1759, in-12, 2 vol., demi-rel. — Opuscules de
M. Louis Dufour de Longuerue. *Yverdon*, 1784, in-12,
2 vol., br.

973. Œuvres de l'abbé Millot. *Paris*, 1819, in-8, 12 vol.,
bas.

974. Œuvres de d'Alembert. *Paris, F. Bastien*, 1805, in-8,
18 vol., demi-rel.

975. Œuvres de Duclos. *Paris*, 1806, in-8, 10 vol., v.
fil.

976. Table des Œuvres de Voltaire. *Paris, Renouard*, 1825,
in-8, 2 vol., br.

977. Œuvres complètes de Bernardin de Saint-Pierre,
mises en ordre et précédées de la vie de l'auteur par
Aimé Martin. *Paris, Méquignon-Marvis*, 1818, in-8, 12 v.,
fig. (*premières épreuves*), br.

978. Opere di Galileo Galilei. *Milano, Soc. de' class. ital.*,
1808, in-8, 13 vol., br.

979. Prose di Ag. Firenzuola. *Firenze, Giunti*, 1548, in-8,
demi-rel.

980. Œuvres de Salomon Gessner, trad. de l'allem. *Zurich*,
1777, in-4, 2 tom. en 1 vol., v. m. fil.

    *Édition ornée de 20 belles figures, culs-de-lampe et vignettes.*

981. Lettres d'Héloïse et d'Abailard. *Paris*, *Didot Jeune*,
1796, in-4, pap. vél., fig. de Moreau le Jeune, 3 vol.,
cart.

982. Hug. Grotii Epistolæ ad Gallos. *Lugd. Bat.*, *Elzev.*,
1648, pet. in-12, vél.

983. Gab. Naudæi Epistolæ *Genevæ*, 1667, pet. in-12, v.

984. Lettres choisies du Sr de Balzac. *Leiden, Elzev.*, 1652, pet. in-12, vél.

985. Le Secrétaire à la mode, par le Sr de la Serre, avec un recueil des lettres morales des plus beaux esprits de ce temps et des compliments en langue françoise. *Amst.*, *L. et D. Elzev.*, 1662, pet. in-12, vél.

986. Lettres de Mlle de Lespinasse, écrites depuis l'année 1773 jusqu'à l'année 1779. *Paris*, 1809, in-8, 2 vol., demi-rel.

987. Lettere familiari del commend. Annibal Caro. *Venetia, Giunti*, 1581, in-4, 2 tom. en 1 vol., demi-rel.

Première édition sous cette date.

988. Le medesime, colla vita dell' autore. Impressione quarta (Cominiana). *Padova, Comino*, 1748-49, in-8, 4 tom. en 3 vol., vél.

989. Centum adagia malabarica.... a P. Paulino a S. Bartholomæo.... *Romæ*, 1791. = Lettera sui monumenti indici del museo Borgiano... del conte Castone della Torre di Rezzonico. = Scitismo sirluppato in risposta alla lettera sui monumenti indici del museo Borgiano (del P. Paolino di S. Bartholomeo). = De veteribus Indis dissertatio a P. Paulino a S. Bartholomæo, *Romæ*, 1795. = De antiquitate linguæ zendicæ, samscrdamicæ et germanicæ dissertatio, a P. Paulino a S. Bartholomæo, 1798. = Jornandis vindiciæ de Var Hunnorum, auct. P. Paulino a S. Bartholomæo. *Romæ*, 1800. = De latini sermonis origine et cum orientalibus linguis connexione P. Paulini a Bartholomæo. 1802, in-4, demi-rel.

990. Mélanges extraits des manuscrits de Mme Necker. *Paris*, 1798, in-8, 2 vol., demi-rel.—Nouveaux mélanges.... *Paris*, 1801, in-8, 3 vol., bas.

991. Præclara dicta philosophorum, imperatorum et poetarum, ab Arsenio archiep. collecta, græce. *Romæ*, s. a., pet. in-8 obl., v.

992. Loci communes sacri et profani Joa. Stobæi, gr. et lat. *Francof.*, 1581, in-fol., peau de truie.

993. Pensées de Christine, reine de Suède. *Paris, Renouard*, 1825, in-12. pap. vél., portr., cart.

## II. RECUEILS. — ENCYCLOPÉDIE. — JOURNAUX.

994. De la collection de Deux-Ponts, 1782-1806, 51 vol.

in-8, rel.; savoir : L. Ann. Senecæ opera, 4 vol. — Lac-
tantius, 2 vol. — Corn. Celsus, 2 vol. — M. Fab. Quin-
tilianus, 4 vol. -- Phædrus, 1 vol. --Persius et Juvenalis,
1 vol. — M. Val. Martialis, 2 vol. — M. Ann. Lucanus,
1 vol. — Val. Flaccus, 1 vol. — L. Ann. Senecæ Tragœ-
diæ, 1 vol. — Plautus, 3 vol. — Justinus, 1 vol. — Q.
Curtius, 2 vol. — Sallustius, 1 vol. — Tacitus, 4 vol. —
Silius Italicus, 1 vol. — Corn. Nepos, 1 vol. — Ciceronis opera, 13 vol. — Plinii epistolæ, 2 vol. — Val. Maxi-
mus, 2 vol. — J. Cæsar, 2 vol.

995. Der Keiser (Carolus V) Bildnussen und Leben. *Francf.*,
*Ch. Egenoff, s. a.*, portr. = Romischer uud hispanischer
Kunigklicher maiestat Einreytten und Kronning zum Ach-
beschehen. *S. l. n. a.*, figure. = Won der Wunderbarli-
chen Innsel utopia genant... durch Th. Morum. *Basel*,
1524, fig., in-4, cart.

996. Entretiens sur les affaires du temps. *Strasb.*, 1674. —
L'infraction.... du siége de Charleroy, *Villefranche*, 1672.
— Journal du siége de Mons, *Lille*, 1691. — Miroir historique de la Ligue, *Col.*, 1694. — Relation de la campagne
de Flandre et du siége de Namur, 1695. — Lettre sur l'ar-
mée française en Westphalie, 1758, pet. in-12, 6 vol.

997. H. Ranzovii Commentarius bellicus, libris sex distinc-
tus. *Francof.*, 1595. = Er. Puteani hispaniarum vindiciæ
tutelares. *Lovanii, e typ. Rivii*, 1608. = Laur. Pignorii cha-
racteres ægyptii, cum fig. frat. Debry. *Francof.*, 1608,
in-4, parch.

998. Apotheosis vel Consecratio Homeri, sive Lapis anti-
quissimus in quo poetarum principis Homeri consecratio
sculpta est, a Gerb. Cupero. *Amst.*, 1683. = Gallia orientalis sive Gallorum qui linguam hebræam vel alias orientales excoluerunt vitæ, auct. P. Colomesio. *Hagæ-Com.*,
1665, in-4, v.

----

999. Miroir universel des arts et sciences, de Léonard Fio-
ravanti, divisé en trois livres, mis en françois par Gab.
Chappuys. *Paris*, 1586. = Les caprices de Léonard
Fioravanti, touchant la médecine, trad. en franc. par
Claude Rocard. *Paris*, 1586, in-8, parch.

1000. Encyclopédie (publ. par Diderot et d'Alémbert), avec
le supplément. *Neufchâtel*, 1765, in-fol., fig., 35 vol., v. m.

1001. Musée de la jeunesse, ou Tableaux historiques des sciences et des arts, par Grasset St-Sauveur. *Paris*, 1812, in-4, fig. color., bas.

1002. Journal historique et littéraire, publ. par l'abbé de Feller. *Luxembourg* et *Liége*, 1774 - 1794, pet. in-8, 61 vol., cart.

> Ce journal, que l'on trouve rarement complet, fait suite à la Clef du cabinet.

# BEAUX-ARTS.

## 1re SÉRIE.

### 1. TRAITÉS GÉNÉRAUX ET THÉORIQUES. — VIES DES PEINTRES, ETC.

1003. Histoire universelle, traitée relativement aux arts de peindre et de sculpter, par Dandré Bardon. *Paris*, 1769, in-12, 3 vol., br.

1004. Voyage d'Italie, ou Recueil de notes sur les ouvrages de peinture et de sculpture qu'on voit dans les principales villes d'Italie, par Cochin. *Paris*, 1758, 3 tom. en 1 vol. in-12, bas.

1005. Della architettura, della pittura e della statata di L. B. Alberti, trad. di Cos. Bartoli. *Bologna*, 1782, in-fol., fig., br.

1006. Lettres familières de Winckelmann, avec les œuvres du chevalier Mengs. *Yverdon*, 1784, in-12, 3 vol., br.

1007. Éléments de perspective pratique, par Valenciennes. *Paris*, an VIII, in-4, 36 pl., demi-rel.

1008. Nouveau traité élémentaire de perspective à l'usage des artistes, par J.-B. Cloqůet. *Paris, Bachelier*, 1823, 1 vol. et atlas in-4, br.

1009. L'idée du peintre parfait. *Amst.*, 1736, pet. in-8, br.

1010. Traité de peinture, suivi d'un essai sur la sculpture, par Dandré Bardon. *Paris*, 1765, in-12, 2 tom. en 1 v., demi-rel., n. rog.

1011. Alb. Dureri de symetria partium in rectis formis humanorum corporum libri in latinum conversi. *Nuremb.*, *in ædib. vid. Dureriana*, 1532. = Ejusd. de varietate fi-

gurarum et flexuris partium ac gestib. imaginum lib. II.
*Ib.*, 1534, in-fol., goth., 2 part. en 1 vol., cart.

Exemplaire bien conservé, avec un grand nombre de belles figures
sur bois.

1012. Het groot Schilderboek, door Gerard de Lairesse.
*Amst.*, *W. de Coup*, 1707, in-4, 2 tom. en 1 vol., v. br.

Édition originale du Grand livre des peintres de Gérard de Lairesse.
— Les figures sont de premières épreuves.

1013. Rittratti di alcuni celebri pittori del secolo XVII,
disegnati ed intagliati dal cav. Ott. Lioni. *Roma*, 1731,
in-4, portr. et fig., br.

1014. Vita inedita di Raffaello da Urbino, illust. con note
da Aug. Comolli. *Roma*, 1790, in-4, br.

1015. Vies des premiers peintres du roi, depuis Le Brun,
jusqu'à présent. *Paris*, 1752, pet. in-8, 2 tom. en 1 v.,
demi-rel.

1016. Les peintres brugeois, par Alf. Michiels. *Paris*,
1847, in-18, br.

1017. Catalogue des tableaux de la galerie impériale et
royale de Vienne, par Chr. de Méchel. *Basle*, 1784,
gr. in-8, v.

1018. La galerie électorale de Dusseldorff, ou Catalogue
raisonné de ses tableaux, par Nicolas de Pigage. *Bruxelles*,
1781, pet. in-8, br.

1019. Catalogue d'une collection de dessins, estampes, etc.
(rec. par M. de Busscher). *Paris*, 1804, in-8, cart.

Prix et noms des acquéreurs.

1020. Catalogue de l'œuvre de Seb. Leclerc, par Jombert.
*Paris*, 1774, in-8, 2 vol., v. m.

1021. Manière de graver à l'eau forte et au burin, et de
la gravure en manière noire, par M. Bosse. *Paris*, 1745,
in-8, 19 pl., v. m.

1022. Dictionnaire des monogrammes, marques figurées,
lettres initiales, noms abrégés, etc., avec lesquels les
peintres, dessinateurs, graveurs et sculpteurs ont dési-
gné leurs noms, par Fr. Brulliot. *Munich*, 1832, in-4,
3 vol., br.

1023. Monogrammen lexicon, von Dr J. C. Stelwag.
*Francf.*, 1830, in-8, br.

## II. GRAVURE.

*Galeries. — Recueils. — Ouvrages divers avec figures.*

1024. Galeria nel Palazzo Farnese in Roma dipinta da Ann. Caracci intagliata da Carlo Cesio. *Roma*, *s. a.*, in-fol., fig., parch.

1025. Galerie du Palais-Royal, gravée d'après les tableaux qui la composent, par Couché. *Paris*, 1780, in-fol., fig., livr. 1 à 32. (*Il manque la 28ᵉ livr.*)

1026. Dix livraisons diverses du Musée, publ. par Laurent et Robillard.

1027. Le cabinet des beaux-arts, ou Recueil des plus belles estampes gravées d'après les tableaux originaux où les beaux-arts sont représentés, par Perrault. *Paris, Edelinck*, 1695, in-fol., obl.

1028. Sacræ historiæ acta a Raphaele Urbino expressa, Nicol. Chapron, gallus, a se delineata et incisa. *Romæ*, 1649, in-fol. obl., de 36 pl., cart.

1029. Nouveau Testament faict par Jacq. Callot, qui n'a sceu finir le reste prévenu de la mort l'année 1635. Pet. in-8, obl.

Figures 1 à 2.

1030. Signa cœlestia. In-fol., parch.

43 figures représentant les constellations célestes sous leurs diverses formes.

1031. Iconologie par figures, ou Traité complet des allégories, emblèmes, etc., publ. par Gravelot et Cochin. *Paris*, 1789, gr. in-8, fig., 4 vol., v. porph., dent.

1032. Cæs. Ripæ historiæ et allegoriæ, projectæ et designatæ a Gottorf. Eichler Jun., editæ a Joh. Georg. Hirtel (lat. et germ.). *Aug.-Vind.*, *s. a.*, in-4, 160 fig., 8 part. en 1 vol., demi-rel.

1033. Pinax iconicus antiquorum et variorum in sepulturis rituum ex Lilio Gregorio (Gyraldo Cynthio) excerpta (a Clem. Baldino), picturisque juxta Hypographa exacta arte elaboratis effigiata.... (auct. Petro Woeiriot). *Lugd.*, *Cl. Baldinus*, 1556, pet. in-4, fig., v.

Rare petit volume, dont les figures, au nombre de 12, y compris le portrait de Woeiriot et le titre, sont remarquables par la finesse du burin. (Voir le détail qu'en donne M. Brunet, t. IV, p. 725.)

1034. Le temple des Muses, avec les figures de Bern. Picart. *Amst.*, *Chatelain*, 1733, gr. in-fol., v. br. ( *En holland.*)

1035. Le même, en français. *Amst.*, 1733, gr. in-fol., v. br.

> Les figures de ces deux exemplaires sont de premières épreuves.

1036. Les Métamorphoses d'Ovide (en CXLI planch.), grav. d'après les dessins des meilleurs peintres français, par les soins de Le Mire et Basan. *Paris*, 1767-70, in-4, v. éc. fil. tr. dor.

> Belles épreuves.

1037. Les aventures de Télémaque, gravées d'après les dessins de Charles Monnet, par J.-B. Tillard. *Paris, l'Auteur*, 1733, gr. in-4, demi-rel., n. rog.

> Ce volume contient 96 planches, dont 24 de texte gravé (sommaires), avec encadrements et vignettes, et 72 figures.

1038. La danse des Morts. In-fol., br.

> 50 figures allemandes dessinées par Rentz.

1039. Suite de 50 figures, publ. en Allemagne, et dessinées et gravées par Gab. Bodenehr, pour les Songes drolatiques de Rabelais. In-fol., cart.

> Chaque figure contient un encadrement varié approprié au sujet. On trouve à la suite de ce recueil 7 pièces, dont 5 gravées par Firens, pour la suite appelée les Masques de de Gheyn.

1040. Recueil de 132 sujets composés et gravés par Fragonard fils. *Paris, l'Auteur, s. d.*, in-fol., 8 livr.

1041. Devises pour les tapisseries du roy, où sont représentées les quatre Élémens et les quatre Saisons de l'année, peintes par J. Bailly et gravées par S. Le Clerc. *Paris*, 1668, gr. in-fol., v. br. (*Mouillé.*)

> Belles épreuves.

1042. Devises pour les tapisseries du roi de France, où sont représentées les quatre Saisons, en 20 jolies figures allem., avec la description en français et en allemand. In-fol., cart.

1043. L'Académie de l'épée, par Gir. Thibault d'Anvers, où se démontrent par règles mathématiques sur le fondement d'un cercle mystérieux, la théorie et pratique des vrais et jusqu'à présent incognus secrets du manie-

ment des armes à pied et à cheval. *Anvers*, *Thibault*,
1628, in-fol. max , demi-rel., n. rog.

Avec 66 belles et curieuses figures gravées par A. Bolswert, Crisp.
de Pas, etc.

1044. Maniement d'armes, d'arquebuses, mousquets et pi-
ques, représenté par figures, par Jacq. de Gleyn. *Francf.
s. l. M.*, *W. Hoffmann*, 1609, pet. in-4, 3 part en 1 vol.,
v. (*En allem. et en franç.*)

Environ 120 jolies figures sur bois. La première partie est incomplète
de 8 figures.

1045. Klare onderrichtinge.... L'académie de l'art admirable de la lutte , représentée en 71 pl., par le célèbre
Romain de Hooghe. *Amst.*, 1674, in-4, vél.

Édition originale et rare, avec les premières épreuves à l'eau-forte,

1046. Marine militaire, ou Recueil des différents vaisseaux
qui servent à la guerre, par Ozanne. *Paris*, *s. d.*, in-4,
50 pl., bas.

1047. Histoire de la guerre des Bataves et des Romains,
d'après César, Tacite, etc., avec les 36 planches d'Otto
Vœnius, gravées par Tempesta et des cartes enluminées,
rédigée par le marquis de Saint-Simon. *Amst.*, 1770,
in-fol., demi-rel.

1048. Colonna Trajana..., disegnata et intagliata da P. Santi
Bartoli. In-fol. obl., fig., v.

1049. Columna Trajana, exhibens historiam utriusqui belli
Dacici a Trajano gesti, ab Andr. Morellio delineata et in
ære incisa, nova descriptione et observ. illustrata cura et
studio Ant. Fr. Gorii. *Amst.*, 1752, gr. in-fol., 14 fig.,
demi-rel.

1050. Calcografia della colonna Antonina divisa in CL ta-
vole. *Roma*, 1779, in-fol., fig., cart.

1051. Choix de costumes civils et militaires des peuples de
l'antiquité, leurs instruments de musique, leurs meubles, etc., par Willemin. 1798, in-fol., fig., 2 vol.,
demi-mar. r., n. rog.

1052. Diversarum nationum ornatus, cum suis iconibus,
studio Alex. Fabri. *Padova*, 1593, in-8, fig., 3 part. en
1 v., v. (*Piqûres et quelques figures déchirées.*)

Ce recueil rare contient 151 figures.

1053. Recherches sur les costumes et sur les théâtres de

toutes les nations tant anciennes que modernes ( par Le-
vacher de Charmoy). *Paris*, 1790, in-4, fig. color., bas.

1054. Fortitudo Leonina in utraque fortuna Maximiliani
Emmanuelis.... Sup. Palat. Ducis, Comitis Palat. Rhe-
ni, etc., secundum heroica majorum suorum exempla,
Herculiis laboribus (fig. 80 æneis) repræsentata post feli-
ciss. suum in Patriam reditum..., per Societatem Jesu
Provinciæ Germaniæ Superioris. *Monachii*, 1715, in-fol.
max., pap. fort, demi-v.

1055. L'entrée de l'empereur Sigismond à Mantoue, gravée
en 25 feuilles d'après une longue frise exécutée en stuc
dans le palais du T. de la même ville, sur un dessin de
Jules Romain, par Antoinette Bouzonnet Stella. *Paris*,
*Jombert*, *s. d.*, gr. in-fol. demi-rel.

1056. Iconographie grecque, par Visconti. *Paris*, *Didot A.*,
1808, in-fol. max., pap. vél., 3 vol., demi-rel.

1057. Icones imperatorum rom., regum et ducum quorum-
dam ex antiquiss. familia Boiariæ oriundorum, ad typum
antiquæ picturæ fideliter expressæ ærique insculptæ a
Joh. Georgio. *Norimb.*, 1627, in-fol., demi-v. f.

6o belles planches.

1058. Les hommes illustres qui ont paru en France pendant ce siècle, avec leurs portraits, par Perrault. *Paris*,
1696, in-fol., 2 part. en 1 vol., bas. (*Piqûres*.)

1059. Austrasiæ reges et Lotharingiæ duces iconibus et his-
toricis epigrammatis ad vivum expressi, auth. Nic. Clem.
Trelæo. *Colon.*, 1619, pet. in-4, demi-rel.

Grand nombre de jolis portraits attribués à Woieriot.

1060. Francisci Tertii, Berg., pict., Austriacæ gentis imagines, Gaspar Patavinus incis. *Œnipontii*, 1573, in-fol.,
parch.

Suite fort rare de 57 figures gravées en taille-douce.

1061. Genealogia serenissim. Boiariæ ducum. *Aug.-Vind.*,
1595, pet. in-fol., demi-v. f.

9 très-jolis portraits gravés par Wolff. Kilian.

## III. SCULPTURE.

1062. Recueil des statues, groupes, fontaines, termes, vases, etc., du château et parc de Versailles , par Thomassin, graveur du roi. *La Haye*, 1724, in-4, fig., v.

Avec les explications en français, latin , italien et hollandais.

1063. Labyrinthe de Versailles, représenté en 39 belles gravures gravées par Visscher, avec l'explication en français, en anglais, en allemand et en hollandais. *Amst.*, *Visscher, s. d.*, pet. in-4, br.

1064. Description de la grotte de Versailles ( par Félibien). *Paris, I. R.*, 1676, in-fol. max., demi-rel.

Avec les belles gravures de B. Picard , Edelinck et Le Pautre.

1065. Description et explication des groupes, statues, bustes, etc., qui forment la collection de S. M. le Roi de Prusse, par Oesterreich. *Berlin*, 1774, in-8, br.

## IV. ARCHITECTURE.

1066. Du génie de l'architecture, par Coussin. *Paris*, 1822, in-4, fig., cart.

1067. Traité de la coupe des pierres. par J.-B. de La Rue. *Paris, I. R.*, 1728, in-fol., fig., v. br.

1068. La théorie et la pratique de la coupe des pierres, par Frezier. *Paris*, 1737, in-4, fig., 3 vol., v.

1069. Les dix livres de l'Architecture de Vitruve, trad. par Perrault. *Paris*, 1684, in-fol., fig., v.

1070. Les quatre livres de l'Architecture d'André Palladio, mis en françois. *Paris, E. Martin*, 1650, in-fol., fig., vél.

1071. L'architecture et art de bien bastir, trad. du latin, par Jan Martin. *Paris, J. Kerver*, 1553, in-fol., fig., v. (*Mouillé.*)

1072. Livre d'architecture de Jaques Androuet, Du Cerceau, auquel sont contenues diverses ordonnances de plans et élévations de bastimens pour seigneurs, gentilhommes ou autres qui voudront bastir aus champs, etc. *Paris, J. Androuet Du Cerceau*, 1572, in-fol., fig.

1073. Livre d'architecture de Jaques Androuet Du Cerceau, contenant les plans et dessaings de cinquante bastimens. *Paris, J Barjon*, 1611, gr. in-fol., fig.

1074. De Du Cerceau :
1° Præcipua aliquot rómanæ antiquitatis ruinarum monumenta, vivis prospectibus ad veri imitationem affabre designata. In-fol., 15 planches y compris le titre.

2° 9 planches représentant les ordres corinthien, ionique et dorique.

3° Les Thermes. 12 planches.

4° Dessins de serrurerie, clefs, cachets, poignées, ornements, etc., 20 planches.

5° Mosaïques ; 25 planches.

6° Vues perspectives de divers bâtimens. *Aureliæ*, 1551. 23 planches y compris le titre.

*Cet article sera divisé.* (Voir le n° 1163.)

Ces diverses parties de l'œuvre de Du Cerceau, ainsi que les deux numéros précédents, sont fort bien conservés.

1075. L'architecture des voûtes, par le P. Fr. Derand. *Paris*, 1643, gr. in-fol., fig., v. br.

1076. Cours d'architecture, par Blondel, 1re partie. *Paris*, 1675. in-fol., fig., v.

1077. Recueil élémentaire d'architecture, contenant plusieurs études des ordres d'architecture d'après l'opinion des anciens, et le sentiment des modernes. *Paris*, in-fol., planches, v. m.

1078. Recueil de dessins et ornements d'architecture. In-fol., demi-rel.

1079. C.-L. Stieglitz, Plans et dessins tirés de la belle architecture, ou Représentations d'édifices exécutés, ou projetés en 115 planches, avec les explications nécessaires. *Londres*, 1801, gr. in-fol., cart.

Avec la préface.

1080. Projets d'architecture pour les embellissemens de Paris et de Saint-Pétersbourg, par A. Carême. *Paris*, 1821, in-fol., fig., br.

1081. The designs of Inigo Jones, consisting of plans and elevations for public and private buildings, published by Will. Kent. *London*, 1770, in-fol. max., 2 tom. en 1 vol., 137 planches, demi-rel., n. rog. (*Angl. et franç.*)

1082. Chronol. and histor. illustrations of the ancient architecture of Great Britain, by J. Britton. *London*, 1820. in-4, cart.

Tome I, partie 1re, contenant 41 planches d'architecture religieuse.

1083. Buonarroti, libro del architectura di San-Pietro nel Vaticano, sive Ichnographia templi Sancti Petri. *Roma*, 1620, in-fol. atl., 14 planch., cart.

1084. Joh. Jac. Schüblers wercks... Œuvres d'architecture civile pour la décoration intérieure. *Augsbourg*, *s. d.*, in-fol., 2 vol., cart.

> Cet ouvrage, publié dans le siècle dernier, se compose de 120 plan-
> ches bien gravées, représentant des lits, des cabinets et alcôves, avec les
> accessoires; des chapelles et des mausolées; des tables à écrire, des
> horloges, des fauteuils, des pavillons d'été, des baptistères, pupitres
> d'églises, buffets d'orgues, autels, confessionaux, portes de jardins,
> cheminées, urnes cinéraires. etc., etc.

1085. Scelta di ornati antichi e moderni disegnati ed incisi da G. B. Cipriani. *Roma*, 1801, in-4, fig., br.

1086. Disegni di vari altari e cappelle nelle Chiese di Roma... date in luce da Gio. Giac. de Rossi. *Roma*, *s. d.*, in-fol., fig., cart.

1087. Studio d'architettura civile sopra gli ornamenti di porte e fenestre tratti da alcune fabbriche insigne di Roma, con le misure, piante et profili opera de' piu celebri archit. de nostri tiempi, publ. da Dom. de Rossi. *Roma*, 1702, gr. in-fol., fig., 3 vol., cart.

1088. Designs for chimney-pieces, with mouldings and bases at large, on 24 plates. *London*, *J. Taylor*, in-4, obl.

1089. Ruins of Athens, with remains and other valuable antiquities in Greece. *London*, 1759, gr. in-fol., fig., cart.

1090. Les ruines de Pæstum ou Posidonia, ancienne ville de la Grande Grèce, par de la Gardette. *Paris*, an vii, gr. in-fol., fig., cart.

1091. Traité des édifices, meubles, habits, machines et us-tensiles des Chinois, gravés sur les originaux destinés à la Chine, par Chambers. *Paris*, 1776, gr. in-4, 20 pl. cart.

1092. Rural architecture in the chinese taste, being designs for the decoration of gardens, parks, forests, etc., by W. and J. Halfpenny. *London*, w. y., in-8, fig. (64), v. f.

1093. Traité des bâtiments propres à loger les animaux qui sont nécessaires à l'économie rurale, avec 50 pl. *Leipzig*, *Voss*, 1802, in-fol., pap. vél. fort, cart., n. rog.

1094. Essai sur les constructions rurales économiques, par M. le vicomte de Morel-Vindé. *Paris*, 1824, gr. in-4, fig., demi-rel.

### V. MUSIQUE. — DANSE.

1095. Ath. Kircheri musurgia universalis, sive Ars magna

consoni et dissoni. *Roma*, 1750, 2 tom., fig. = Physiologia Kircheriana experimentalis. *Amst.*, 1680, fig., in-fol., parch.

1096. Histoire de la musique, par C. Kalkbrenner, avec 19 planches. *Paris*, 1802, in-8, 2 tom. en 1 vol., br.

1097. La danse ancienne et moderne, ou Traité historique de la danse, par de Cahusac. *La Haye*, 1754, pet. in-12, 3 vol., v.

## VI. ARTS ET MÉTIERS.

1098. De l'industrie française, par le comte Chaptal. *Paris*, 1819, in-8, 2 vol., bas.

1099. Joh. Sam. Hallens Werkstate der heutigen Kunste.... État actuel des arts, ou Nouvelle histoire des arts. *Brandenb.*, 1761-79, in-4, fig., 6 vol., demi-rel.

1100. Descriptions des arts et métiers, édit. publ. par Bertrand. *Neufchâtel*, 1771, in-4, fig., 20 vol., demi-rel.

1101. L'art de tricoter développé dans toute son étendue, par Netto et Lehmann. *Leipsic*, *Voss*, 1802, in-fol. obl., fig. noires et color., cart.

1102. Jac. Christ. Schæffer neue Versuche und Muster.... Nouveaux essais pour faire le papier sans chiffons, de toutes sortes de matières, avec fig. et grand nombre d'échantillons. *Regemburg*, 1765-67, pet. in-4, 5 part. en 3 vol., v. f.

Livre curieux.

1103. Art de faire le papier, et art du cartonnier, par De Lande. Gr. in fol., fig., cart.

## 2ᵉ SÉRIE.

## I. DESSINS ET ESTAMPES.

### *A*. DESSINS.

1104. Onze dessins. Portrait de Rubens ; un Fumeur d'après Teniers; Marine de Rademaker, etc.

1105. Huit dessins par Collignon et d'après Le Brun.

1106. Trois dessins par des maîtres à monogrammes, dont un daté de 1626.

1107. Sept dessins par et d'après Wouvermans, Karle Du-

jardin , Berghem , etc. — Quatre dessins par Goltzius et
dans sa manière.

1108. Huit dessins par et d'après Herman, Veyer, Merian,
Wouvermans, Ostade, J. Wolff, etc.

1109. Dessin à l'encre de Chine, d'après Ph Wouvermans.

1110. Le mariage de Sainte-Catherine.

Dessin original de Rubens, d'une belle et grande exécution.

1111. Le Christ mort sur les genoux de la Vierge , d'a-
près Annibal Carrache , dessin à l'encre de Chine.

1112. Portrait d'homme, aquarelle d'après Rembrandt.

1113. Têtes de moutons, par Janson, peintre hollandais:
trois sont peintes à l'huile , une dessinée et quatre gravées à l'eau forte.

1114. Un dessin et une gravure d'après Jean van Eyck.

1115. Bonnes études de paysages : six dessins attribués à
Ruisdaël, Genoels, Brill, Baudouin, etc.

1116. Neuf dessins lavés à l'encre de Chine, sur papier
bleu, blanc et rehaussé, dont : les quatre parties du
monde, par Baumgarter; les quatre Philosophes, par
Nilson; Diogène, par Haid.

*B.* ESTAMPES PAR ET D'APRÈS DIVERS MAITRES.

ÉCOLES ALLEMANDE , ITALIENNE, FLAMANDE , HOLLANDAISE ET FRANÇAISE.

1118. Sujets de la Passion et autres, 10 pièces gravées sur
bois, par Albert Durer.

1119. Sujets de la passion , 30 pièces gravées sur bois, par
Albert Durer, texte au verso.

1120. Jésus avec les Docteurs; la Cène, et Jésus chez le
Pharisien. Trois pièces gravées par Phil. Kilian , d'a-
près Nicolas Grassi.

1121. Vignettes allemandes et sujets divers, 36 planches.

1122. Cinquante-quatre pièces d'après Le Primatice, Sal-
vator Rosa, Della Bella, etc.

1123. Sujets de l'Ancien Testament , 10 pièces , par Tempesta. Chasses, d'après Stradan, 6 pièces.

1124. Trente-sept pièces de la suite des Loges de Raphaël,
gravée par Chaperon , belles épreuves avant les adresses.

1125. Quarante-sept pièces de la même suite, gravées par Borgiani.

1126. Dix-huit estampes d'après Raphaël, Le Titien et autres maîtres italiens.

1127. Vénus et Adonis d'après Amiconi, par Vagner.

1128. Saint-Paul prêchant à Athènes, gravé par Marc-Antoine, d'après Raphaël. Ancienne épreuve.

1129. Saint-Pierre pleurant son péché, et Martyre de Saint-Barthelemy, deux pièces à l'eau forte, par Ribera dit l'Espagnolet.

1130. Le Ulenspiegel, d'après Lucas de Leyde, par Hondius.

Copie recherchée d'une estampe introuvable.

1131. Les Apôtres, 12 pièces; trois sujets de l'histoire de Joseph; en tout, vingt-six pièces, par et d'après Lucas de Leyde.

1132. Métamorphoses d'Ovide, suite de 48 pièces; divers autres sujets, en tout 55 pièces, par et d'après Goltzius.

1133. Dix-neuf pièces, d'après Rubens, van Dyck, par Soutman, Eynhouedts, etc.

1134. Onze pièces gravées à la manière noire, d'après Terburg, Raoux, Lairesse, J. Ross, etc., et l'Enfant Prodigue, suite de six estampes.

1135. Christ aux roseaux; sujet de Chasse, etc.; sept pièces, d'après Rubens et van Dyck.

1136. Dieu Pan et la chèvre Amalthée; deux pièces d'après Jordaens, par Bolswert, belles épreuves avec l'adresse de Bloteling.

1137. Vingt et une estampes, d'après Rubens, N. Poussin et autres grands maîtres.

1138. L'Iliade d'Homère, par Théodore de Bry, 23 pièces.

1139. Cinq pièces à l'eau-forte, par Rembrandt :

    1°. Sainte Famille ;

    2°. Saint Pierre ;

    3°. Le Berger et sa Famille ;

Paysage très-rare. — superbe épreuve (n° 217).

    4°. Un Gueux, un Cavalier.

Ce numéro sera divisé.

1140. Onze pièces, copies diverses d'estampes de Rembrandt.

1141. L'Ange disparaissant devant la famille Tobie, gravé d'après Rembrandt, par Houbraken; Saint Jérôme d'après Rembrandt, copie de l'estampe de van Uliet.

1142. Neuf eaux fortes de divers maitres, à l'imitation de Rembrandt, dont un Martyr, par Michel Peillman.

1143. Le Combat à la Barrière, à Nancy, en 1627, suite de 10 estampes dédiées à la duchesse de Chevreuse, par Callot.

1144. Les sept Sacrements, suite de sept estampes gravées d'après N. Poussin, par Chastillon.

1145. Batailles d'Alexandre, suite de cinq grandes estampes gravées d'après Le Brun, par Gunst; la Défaite de Porus, grande estampe gravée par Bernard Picart; la Défaite de Maxence et le triomphe de Constantin, deux grandes estampes gravées d'après Le Brun, par van Vianen. En tout, sept pièces.

1146. Les amours pastorales de Daphis et Chloé, gravées par Jean Audran, d'après les dessins de Philippe d'Orléans, régent, 30 pièces in-8.

1147. Le roman comique de Scarron, douze pièces inventées par Oudry, plusieurs gravées par lui.

1148. Compositions gracieuses de Vanloo, Coypel, Deshayes, Cazes, Boucher, Oudry, etc., par divers graveurs français.

1149. Paysages, les Saisons, l'Age d'Or, etc., 18 estampes, par de Bruyn, Hondius, Vagner, etc., d'après Bloemaert, Pierre de Laar, etc.

1150. Études de figures et d'animaux, d'après A. Bloemaert, 45 pièces.

1151. Paysage et Marine, d'après Berghem et van Goyen, 2 pièces, par Vivarès.

1152. Paysages d'après van Huysum, Berghem, Francisque Millé et autres, 15 pièces.

1153. Paysages, par Perelle, Wolff, d'après Savery; les quatre Saisons avec l'adresse de Le Blond.

1154. Dix-huit estampes d'après Wouvermans, par Moyreau.

1155. Divers cahiers; Paysages par Soubeyran, 1737;

A**.

paysages, par Leclerc ; autres, par Aberli et le Paultre. 83 pièces.

1156. École anglaise, huit estampes gravées au pointillé et à la manière noire, d'après Moriand, Singleton et autres maîtres ; plus, quatre estampes coloriées, d'après Le Barbier. 12 pièces.

## C. ESTAMPES HSTORIQUES.

### PORTRAITS, COSTUMES, SUJETS DE CHASSE, VUES DIVERSES, ORNEMENTS, ETC.

1157. Un volume gr. in-fol. contenant environ 360 estampes gravées dans les XV<sup>e</sup>, XVI<sup>e</sup> et XVII<sup>e</sup> siècles, rassemblées par un collecteur du temps, et relatives la plupart aux faits historiques les plus intéressants arrivés en Europe pendant ces époques.

Nous citerons parmi les pièces curieuses dont ce recueil se compose, les suivantes : Henri IV guérissant les écrouelles, par Firens ; portraits de Marie de Médicis, par Léonard Gaultier ; Luther, par Kœnig ; Urbain VIII, par Michel Lasne ; Charles I<sup>er</sup> décapité à Witehall ; le Calice, par Hollar (*premier état, belle épreuve*) portrait de Cornhaert, par Goltzius ; les Supplices, par Callot ; Rébus sur Henri III ; faits historiques et portraits des Nassau ; armoiries, généalogies, chronologies, costumes, faits singuliers, batailles, prises de villes, monuments religieux, tels que : la cathédrale de Rheims, celle de Strasbourg ; sujets pieux, cérémonies, fêtes, pompes funèbres, catafalques, scènes de théâtre, et quantité d'autres sujets allégoriques et satiriques sur la France, les Pays-Bas et l'Espagne.

1158. Suite intéressante de thèses et almanachs, publiés en Allemagne, et dédiés aux empereurs Léopold I<sup>er</sup>, Ferdinand III et Ferdinand IV, où sont représentés allégoriquement des faits relatifs à leurs règnes ; 21 grandes pièces en plusieurs feuilles, gravées par M. Kussell, B. Kilian et autres artistes allemands.

1159. Les Impératrices, par Égide Sadeler. 11 pièces.

1160. Neuf pièces, batailles, gravées à la manière noire, par Rugendas et autres.

1161. Les Saisons, les cinq Sens, les Éléments, les quatre Parties du monde, représentés par des femmes en costumes du temps de Louis XIII. 17 estampes avec l'adresse de : *Martin van Eden excud. Antwerp.*, et au bas des vers français et hollandais.

1162. Les Mois de l'année, figures à mi-corps, par Walk. 12 pièces.

1163. Vases, aiguières, calices, etc. 62 pièces, par Androuet Du Cerceau. Plus quatre vases, par Bauer.

1164. Figures allégoriques sur les sciences et les arts, gravées par Vaguer, d'après de la Joue. Le Conducteur d'ours et le Charlatan, d'après Touzet. 10 pièces.

1165. Plan de Rome, par Falda, 1676, en douze feuilles.

1166. Parfaite représentation et description de différentes chasses dessinées d'après nature et gravées par Ridinger. 35 planches in-fol.

1167. Chevaux de divers pays, dessinées et gravées par Ridinger. *Ausbourg*, 1752. 35 pièces in-fol.

1168. Chasses au tir et à cour, dessinées et gravées par Ridinger. 1762, 23 planches in-folio.

1169. Allégories, caricatures, singularités. 23 pièces par des graveurs allemands.

1170. Vues de Lisbonne après l'incendie de 1755. 6 pièces ; Labyrinthe de Versailles, 31 pièces.

1171. Vues pittoresques de l'Alsace, dessinées, gravées et terminées au bistre, par Walter, accomp. d'un texte historique, par l'abbé Grandidier. *Strasbourg*, 1785, in-4, fig., livr. 1 à 5.

1172. Suecia antiqua et hodierna, ab Erico Dalberg edita, fig. æneis plus quam 350 illustrata. *Holmiæ*, 1693, 1714, in-fol. obl., 3 tom. en 1 vol., cart., u. rog.

1173. Cartes géographiques, manuscrites, env. 25 pièces, dont quelques-unes sont espagnoles.

1174. Cartes géographiques de divers États d'Europe, particulièr. de l'Allemagne ou des Pays-Bas, envir. 80 pièces.

1175. Cartes topographiques et stratégiques, plans de batailles, etc., envir. 45 pièces.

1176. État nouveau, ou Carte militaire et marine des divers États d'Europe, en 1769. 15 pièces.

1177. Jeu de la guerre élém. de l'art militaire, architecture militaire, 25 dessins et gravures, plans de batailles, etc.

7.

1178. Environ 25 plans (dessinés et coloriés) de villes ou châteaux fortifiés.

1179. Plan de Gibraltar, dessin colorié, espagnol. 1737.

1180. Plan de Palerme, gr. feuille coloriée, manuscr.

1181. Cartes stratégiques et militaires, manuscrites. 15 p.

1182. 19 plans coloriés de diverses villes des Pays-Bas et d'Italie.

1183. Attaques et plans de villes et citadelles fortifiées, Lille, Douay, Cambray, particulièrement des Pays-Bas. Env. 60 pièces.

1184. Dessins originaux des plans et cartes des campagnes de Maillebois. 1775, gr. in-fol., 93 pl. color., cart.

---

# CHOIX

## DE

# LIVRES PRÉCIEUX IMPRIMÉS EN CHINE,

### Relatifs aux beaux-arts, aux sciences, et à la littérature.

### 1. TA-TSING-LIU-LI.

Le Code des lois en vigueur sous la dynastie tartare actuelle : édition complète, augmentée de toutes les modifications introduites dans la législation jusqu'à la 16e année de Tao-Kouang. 24 vol. in-8, pap. jaune.

### 2. KI-CHE-TCHOU.

Résumé de tout ce qu'il y a de plus intéressant dans l'histoire de Chine. Ouvrage publié sous le règne de Kia-King, en 10 vol. in-8.

Belle édition, papier jaune.

### 3. EUL-CHE-Y-SE.

Grande collection des historiens de la Chine, depuis l'origine des historiens de cet empire jusqu'à la dynastie des Ming. 120 vol. gr. in-8, édition de 1726, sur papier jaune.

Ouvrage d'un grand mérite.

#### 4. CHE-FOU-PING-TZE-LLI-TCHOU.

Répertoire poétique, disposé par ordre de matières, et mis à la portée de ceux qui commencent la versification. *Canton*, 1812. 4 vol. pet. in-12, pap. jaune.

#### 5. FEN-YUN-TCHE-TOU.

Modèles de tous les genres de style épistolaire, avec un petit vocabulaire en regard des caractères les plus usités dans le commerce ordinaire de la vie. 2 vol. in-12, papier blanc, belle édit.

#### 6. KIA-LI-TCHING-HENG.

Exposé des coutumes et des rites domestiques de la Chine, avec commentaires et gravures. 2 vol. in-8, pap. jaune.

Ouvrage fort curieux.

#### 7. CHE-LOU-KOUO-KIANG-HO.

Histoire géographique des seize royaumes qui se sont partagé l'empire sous les Tsin. *Pékin*, 1797, 13 vol. in-8.

Tirage magnifique sur papier de bambou.

#### 8. POU-SAN-KOUO-KIANG-HO.

Histoire géographique des trois royaumes (Chou, Wéi, Ou). *Pékin*, 1781, 3 vol., gr. in-8.

Belle édition sur papier jaune.

#### 9. TOUNG-TSIN-KIANG-HO.

Histoire géographique des Tsin orientaux. *Pékin*, 1796, gr. in-8, sur pap. jaune.

#### 10. TOUNG-I-YANG-KAO.

Description des royaumes étrangers tributaires ou voisins de la Chine (Japon, Corée, Lieou-Kieou, Annam, Camboge, Siam, Malacca, Java, Luçon, etc.), publiée vers la fin de la dynastie des Ming, 6 vol. gr. in-8, pap. jaune.

Belle édition avec commentaire en petit-texte et 4 cartes.

#### 11. PÉI-WEN-YUN-FOU.

Dictionnaire universel de l'Académie de Pékin ; 2º édit. calquée sur l'édit. impériale de 1711, avec les corrections. *Canton*, 111 vol. gr. in-8, reliés à la chinoise, avec titre et répertoire écrits sur la tranche de chaque volume.

Cet ouvrage n'existe pas dans le commerce, le mandarin qui l'a fait réimprimer à ses frais n'en ayant encore tiré qu'une vingtaine d'exemplaires.

### 12. Yun-fou-che-i.

Complément du Dictionnaire universel de l'Académie de Pékin, publié sous l'empereur Kang-Hi. Édition impériale de 1720, en 20 vol. gr. in-8.

Bel exemplaire papier jaune. Titre et répertoire écrits sur la tranche.

### 13. Ou-tché-yun-souéï.

Dictionnaire tonique et phraséologique, en 20 vol. gr. in-8.

Édition ancienne du temps de Ming, sur papier jaune. Le tirage est fort beau pour l'époque à laquelle ce livre appartient.

### 14. Ou-tché-yun-fou.

Dictionnaire tonique, édition impériale de la 47ᵉ année de Kang-Hi (1708), en 22 vol. gr. in-8, papier jaune, titre et répertoire écrits sur la tranche; autrement coordonné que les autres, dont Morrison parle en ces termes:

« L'ouvrage chinois, *Woo-chay-yun-foo*, sur lequel mon dictionnaire alphabétique est fondé, a été complété par *Chin* Sëen-Sang, qui passa, dit-on, sa vie à faire la collection des mots qui y sont contenus, et mourut avant sa publication. Il confia son manuscrit au soin de son élève Han-Yih-Hoo, qui voyagea par tout l'empire dans le but de le vérifier et de l'augmenter. Plusieurs des élèves de *Chin* Sëen-Sang arrivèrent à des positions éminentes dans l'État; et quand l'empereur Kang-Hi projeta la formation de son dictionnaire, l'un d'eux, Pwan-Ying-Pin, signala au grand monarque le travail de son maître. Après beaucoup de recherches, on l'a trouvé encore inédit entre les mains de Han-Yih-Hoo. On en a fait, ce semble, un très-grand usage dans la compilation du dictionnaire de Kang-Hi, car les définitions se trouvent fréquemment, mot pour mot, les mêmes dans les deux ouvrages. »

Cet ouvrage est extrêmement rare, même en Chine.

### 15. Kin-che-yun-fou.

Dictionnaire d'archéologie graphique, contenant toutes les formes par lesquelles ont passé les caractères chinois, depuis les hiéroglyphes primitifs ou formes pittoresques, jusqu'à l'écriture usitée de nos jours. 5 forts vol. in-8.

> Cet ouvrage, devenu maintenant introuvable, n'a eu qu'une édition en 1532, sous la dynastie des Ming.
> L'exemplaire est imprimé à l'encre rouge, et d'une assez belle conservation.

### 16. Tching-tze-toung.

Dictionnaire par ordre de clefs, qui a servi de base à celui de Kang-Hi, où l'on trouve textuellement un grand nombre de ses définitions. 14 vol. pet. in-12, titre et répertoire écrits sur la tranche.

> Ce dictionnaire a paru sous les Ming, vers le milieu du XVIe siècle, et a été réimprimé depuis.

### 17. Eul-ya.

Un des plus anciens dictionnaires chinois que l'on connaisse, où les définitions sont accompagnées de dessins propres à en déterminer infailliblement le sens. 3 vol. in-fol., pap. blanc.

> Édition de 18 1, de toute beauté.

### 18. Tchouan-tze-houéï.

Dictionnaire des caractères anciens, avec des définitions abrégées, semblables à celles de nos vocabulaires de poche. 6 vol. in-8, reliés en 3 vol. à la chinoise; papier jaune.

> Édition ancienne.

### 19. Wou-tsièn-tsi.

Dictionnaire des caractères cursifs, offrant les formes classiques en regard avec celles que l'écriture expéditive et vulgaire a introduites à différentes époques. 3 vol. in-8, pap. jaune.

### 20. Wen-hièn-toung-kao.

Encyclopédie de *Ma-Touan-Lin*; édition de 1525, er      vol. in-8, pap. jaune.

> Le mérite de cet immense ouvrage est si généralement reconnu, qu'il est inutile de le faire ressortir davantage.

## 21. Yu-haï.

Vaste encyclopédie, commencée sous la dynastie des Soung, et augmentée progressivement sous les dynasties suivantes jusqu'à la 3ᵉ année de Kièn-Loung, où on en fit une 1ʳᵉ édition complète qu'un incendie détruisit presque en entier, ainsi que les planches. La 2ᵉ édition, la seule qui existe, parut à Nanking dans la 11ᵉ année de Kia-King (1806), en 88 vol. in-8.

> Bel exemplaire sur papier jaune. Titre et répertoire écrits sur la tranche de chaque volume.

## 22. Si-Tsing-kou-kièn.

Collection impériale des monuments antiques de la Chine en bronze, en jade ou en pierre, figurés dans leurs moindres détails, et accompagnés d'un texte qui donne le sens des légendes, et les indications nécessaires pour distinguer les monuments vrais des contrefaçons. Ouvrage magnifique, publié avec le plus grand luxe sous la direction de l'empereur Kièn-Loung, en 1750, et distribué en cadeau aux grands de l'empire; édition unique, en 24 vol. gr. in-fol., admirable d'exécution et de tirage.

> Extrêmement rare.

## 23. Po-kou-tou.

Collection archéologique analogue à la précédente, mais commencée six siècles et demi plus tôt, sous les Soung, et continuée sous les dynasties postérieures, jusqu'à l'apparition du Si-Tsing-Kou-Kièn. Jolie édition en 16 vol. gr. in-8, pap. blanc.

## 24. Kao-kou-tou.

Autre collection de dessins archéologiques, publiée en 1753, où figurent les antiquités jusqu'alors inédites. 5 vol. gr. in-8; jolie édition, sur papier blanc.

## 25. Kou-yu-tou.

Dessins des anciennes sculptures en jade : ouvrage archéologique destiné à faire suite aux deux qui précèdent. Gr. in-8; jolie édition sur papier blanc.

## 26. Fang-che-mo-pou.

Vaste recueil de dessins archéologiques, publié en 1584

sous la dynastie des Ming. Vases antiques, jades sculptés, sceaux, anciennes ciselures, inscriptions, sculptures, médailles, tout y a été reproduit fidèlement avec une finesse d'exécution qui ne laisse rien à désirer. 8 vol. gr. in-8, papier blanc.

Fort rare.

### 27. WAN-CHEOU-CHING-TIÈN.

Ouvrage célèbre, connu en Europe sous le nom de « Livre des Fêtes, » parce qu'il représente, dans une infinité de magnifiques gravures, toutes les fêtes données à Pékin, à l'occasion du 80ᵉ anniversaire de l'empereur Kièn-Loung, les arcs de triomphe, les théâtres, les temples élevés pour la circonstance, les inscriptions, les peintures, les tapisseries qui ornaient les rues de la capitale, etc., etc. ; édition impériale, unique, de 1792, en 20 vol. pet. in-fol., papier blanc, superfin.

Ouvrage introuvable en Chine et d'un prix excessif, vu le peu d'exemplaires qui en ont été tirés.

### 28. FAN-TCHA-TOU.

Voyage pittoresque en Chine et Isographie des grands personnages de l'empire. 6 vol. grand in-8, papier blanc superfin. Cette collection, commencée dans la 24ᵉ année de *Kia-King* (1819) et terminée dans la 11ᵉ année de *Tao-Kouang* (1831), renferme cent des plus beaux paysages de la Chine et de la Tartarie, gravés à Nanking avec une élégance et une netteté remarquables. De nombreux fac-simile reproduisent fidèlement l'écriture des hommes les plus célèbres des deux derniers règnes.

Ouvrage fort rare, complet.

### 29. WAN-SIAO-TANG.

Galerie des hommes illustres des différentes dynasties. 2 vol. in-4, remplis de gravures avec texte.

Fort jolie édition sur papier blanc.

### 30. LIÉ-NIU-TCHOUAN.

Histoire des femmes célèbres de la Chine ; édition de 1835, en 2 vol. grand in-8, avec des gravures à chaque page ; papier blanc, tirage d'une netteté rare.

### 31. Po-méi-sin-young.

Poésies en l'honneur des beautés célèbres. 4 vol. in-8, dont deux de vers et deux de gravures; édition de 1788, sur papier blanc.

Fort rare dans le commerce.

### 32. Lié-kouo-siang.

Portraits des grands personnages qui ont vécu sous la dynastie de Tcheou. Pet. in-12 avec figures et texte.

### 33. King-houa-yuèn-sieou-siang—chou.

Portraits des femmes remarquables sous la dynastie des Tang. 2 vol. pet. in-12, papier blanc. Chaque portrait est accompagné d'un dessin de vases antiques.

### 34. Tsaï-tze-chou.

Portraits des anciens sages. 2 vol. pet. in-12, figures accompagnées d'un texte.

### 35. Kiai-tze-yuèn-hoa-tchouan.

L'Art de dessiner le paysage. 5 vol. in-8, remplis de gravures, dont quelques-unes coloriées.

### 36. Hoa-tchouan-eul-tsi.

L'art de dessiner les bambous, les orchidées, les chrysanthèmes, etc. 4 vol. in-8, remplis de gravures, dont quelques-unes coloriées.

### 37. Hoa-tchouan-san-tsi.

L'art de dessiner toute espèce de fleurs et d'insectes. 2 cahiers de gravures, dont la moitié coloriées.

### 38. Hoa-tchouan-se-tsi.

L'art de dessiner la figure, l'homme, la femme, les dieux, les sages, etc. 4 vol. in-8, remplis de gravures.

### 39. Che-tchou-tchaï.

Dessins de fleurs et de fruits de toute espèce, quelques-uns coloriés, avec un texte explicatif. 16 cahiers à feuilles simples, édition récente.

### 40. Keng-tche-tou.

Ouvrage à gravures représentant tous les procédés employés dans la culture du riz, l'éducation des vers à soie, la filature de la soie, la teinture et le tissage. Les gravures, au nombre de 43, sont accompagnées d'autant de pièces de vers composés exprès par l'empereur Kang-Hi, ainsi que d'un fac-simile de l'écriture de ce grand monarque. Gr. in-4.

Édition sans date.

### 41. Pen-sao-pi-yao.

Histoire naturelle médicale, abrégée du Pen-tsao-kang-mou; ouvrage pratique et très-répandu, que les médecins chinois savent tous par cœur et dont ils suivent religieusement les préceptes. 4 vol. in-8, édition de Canton, sur papier jaune.

### 42. Chen-tièn-ching-chou.

Traduction chinoise de l'Ancien et du Nouveau Testament, publiée par Morrison d'après les manuscrits des anciens missionnaires. 21 vol. gr. in-8; belle édition sur papier jaune.

Devenu rare, même en Chine, où il a été imprimé en 183?.

# TABLE DES DIVISIONS.

**BEAUX-ARTS.**

**FIN.**

---

### SOUS PRESSE :

Le Catalogue des livres composant la bibliothèque de feu M. Letronne, membre de l'Institut, Garde général des Archives nationales, etc.

Notice d'environ 6,000 volumes qui formaient la bibliothèque de feu M. le colonel Amoros.

———

*Nota.* La vente de la bibliothèque de M. K. L. A** P. de M., commencée le 17 février 1848, fut interrompue au bout de quatre jours par les troubles qui précédèrent la révolution. L'importance de cette collection, dans laquelle on remarque bon nombre de livres précieux, notamment les *Vies des hommes illustres* de Plutarque, exemplaire de Henri II, nous a engagé à faire réimprimer, sous une numérotation nouvelle, les vacations restées en suspens.